夢想微微疼

微疼——著

夢想推薦

微疼是一個長期關注我們的好夥伴，在他質樸的畫風中，常常可以帶給我們生動的畫面想像與聲音，很喜歡他自我吐嘲又帶有點廢柴感的勵志。

這本書，記錄了他年少至今辛苦的奮鬥故事，字字血淚但又生活化與詳實記錄，點出了很多時下年輕人的心聲與煩惱，相當的激勵人心，值得一讀，也希望微疼可以在這條路上繼續不斷地創作下去，讓我們一起勇敢追夢吧！

——呱吉&湯瑪斯（「上班不要看」頻道創辦人）

當我第一次將微疼的圖文，放在Yahoo首頁時，他的各種衰事，笑翻百萬網友。我以為在看這本書時，會笑到肚子痛，結果我卻哭了。

很多人覺得微疼因為夠衰才成功，但他的成功，是來自不服輸。

這是一本可以帶來勇氣的書，失去目標的時候，拿起來翻翻，為我們微不幸的人生充飽電，再出發。

——邱家緯（康泰納仕KOL運營副總監）

許多夢想在還沒實現之前，都需要有極大的勇氣來呵護。如果因為害怕就放棄內心的渴望、只願意把力氣放在有把握的地方，那麼，我們終將會成為一個很無聊的大人。

請你像微疼一樣勇敢地相信自己，然後，放膽地為實現夢想而努力吧！

——胡展誥（諮商心理師）

十年前就覺得，這男人這麼好笑，不紅沒天理！沒想到能在微疼的十年紀念書裡寫下推薦的字句，時間過得真的好快。

看本書的內容，覺得他以前真的很努力，即使再累也沒有放棄夢想。只要你遇過他本人多次，就能了解微疼除了正向積極，偶爾鬼點子多又北爛，但他實踐力真的就是強，難怪吸引一堆強者朋友。看完本書，相信讀者跟我一樣都能獲得滿滿的正面能量！

最後不得不提，他對粉絲真的超級好又珍惜。記得九把刀說過：「沒有觀眾看的創作不算創作，只能算日記。」

微疼他珍惜每一個支持他的粉絲們給他的舞台，這點值得每個創作者學習。如果你是想要投身網路創作的人，微疼這本教科書你買對了！期待微疼的下個十年。

——**海海人生！海豚男**（圖文作家）

我一直都很喜歡努力的人，在看了微疼這本書後，我更欣賞這種為了夢想再苦都撐下去的人，套句微疼喜愛的偶像團體「五五六六」的隊長，也是我的大師兄孫協志常說的——「堅持」。

你別把這本書當作是教導大家什麼人生大道理的枯燥乏味之書，但請相信我，當你看完以後，人生將會轉變，而且是——好的轉變！

——趙小僑（知名藝人）

微疼是我多希望可以把他豢養在身邊的存在。

之前在命運之神的安排下，我和微疼有了五天四夜的親密接觸，在那時，我深刻地感受到他中二樂天的爆發力，那股詭異的能量不只讓他逢凶化吉、笑看人生，也連帶地感染了周遭的人。

如果你對於這個世界的期待值正在下降，快來看看這隻兔子的斷腿故事。

——瑪麗（廣播女神）

看完了實在是非常有感觸以及感動啊啊啊！！能夠堅持十年，絕對不單單只是興趣使然，想看微疼如何走向成功道路的，一定要看這本！

我敢說微疼絕對是出了百分之兩百努力的人。

——**鬧博士**（網漫插畫家）

名偵探柯南有卓越的觀察能力和優秀的推理頭腦，你會希望身旁有個像柯南一樣的朋友。但是，柯南也是個兇案吸引機，只要待在柯南身邊，你的人生就會被危險與命案包圍。

微疼就是這樣類似柯南的存在。你會希望身邊有個熱心又好笑的開心果，但是你不會想從此與不幸為伍。所以我都有意識地跟微疼保持距離。用閱讀的方式參與他的人生足矣。

——**歐馬克**（知識型YouTuber、知名主持人）

他們說，畫圖會餓死。可是，微疼用漫畫告訴你，人生不能只是吃飽啊！他迷惘過，要找穩定的工作嗎？他窮過，帳戶只剩幾千元怎辦？他不被看好過，畫那些圖能幹嘛？但要知道，他從沒放棄過「夢想」：畫出讓人開心大笑的漫畫！因為微疼，看著我們在追求夢想時所摔的傷，笑一笑，好像也就不疼了。

——歐陽立中（暢銷作家）

我認識微疼以來一直都看到他光鮮亮麗的一面，現在才知道他吃土了很長一段時間。我想就是因為他土吃得夠多吧，才能栽種出這麼動人的成果。敬你！跟漫畫主角一樣熱血的漫畫家！

——謝東霖（漫畫家）

我必須無恥地承認，微疼的不幸、倒楣和衰事連連總能帶給人們愉悅再起的力量。看著他一路走來，跌跌撞撞之心路歷程，讓人忍不住把快樂建築在微疼的痛苦上。每當我遇到挫折，便會興高彩烈翻開這本書，微笑撫摸書頁道：「幸好這世界還有微疼～」

——**螺螄拜恩**（人氣作家）

微疼說……

在寫完這本書後，我隨即參加了一場大學的同學會。

在一陣大快朵頤後，桌上杯盤狼藉，同學們一邊喝著飲料一邊聊著以前的故事，感情沒有隨著時間而改變，如果有差異的話，大概就是身材吧。

「我從來沒有想到你今天會這麼出名。要出第四本書了耶！」李姓同學一邊拍著我的肩膀，一邊說著。

「哈哈靠北！我自己也沒有想到啊！」我拿起桌上的古早味紅茶，喝了一口。

「ㄟ乾～該請客了吧！」王同學牽著新交往的女友說著。

「少來辣！ＡＡ制！」我沒有任何害臊地笑著直接拒絕了。

這一切都如同十年前一樣，十年前的同學，十年前的餐廳，但十年前的自己，始終沒有想過未來的自己可以做些什麼，能做到什麼，甚至……能改變什麼？

這本書裡面的很多故事，我在這幾年內的大大小小演講，講過不只一次了。

我每次都希望這些看似笑話的故事，能給台下的聽眾帶來一點點的啟發，但如果沒有啟發，至少講得很好笑，我也就功德圓滿了。

畢竟微笑是一抹幸福，能讓人發笑，是多麼榮幸的事。

如今，直接把過去的我寫成一本書，也是秉持著一個初衷：希望能讓人有所啟發。但老樣子，如果沒有啟發，希望這閱讀過程能讓你有個舒服並帶著微笑的體驗。

好囉，廢話不多說。

故事，開始囉。

目錄

一塊繪圖板
一杯無糖美式
兩顆奶球
外加一整桌的公仔
這就是
我的一天。

你好，我是微疼。
是位網路漫畫家、插畫家、動畫YOUTUBER
趕稿趕稿…
出過幾本漫畫書
連載過三部漫畫
大學微微疼
不要笑當兵的人
微疼
860,051
微不幸劇場
微疼
261.5萬
搞笑
搞笑
都是人氣作品
簡單地說，
我就是個靠畫圖吃飯的男人辣~
(而且有十年了)

而出這本書啊，
就是想跟大家說
我啊
這輩子
完全沒有受過
任何專業的
畫畫訓練！
居然還靠
畫畫賺錢

且慢！先別急著把書放回去
拍謝辣~你們看到這邊都很挫對吧
我自己也不敢置信
所以我出這本書的目的
就是告訴大家如何從零能力者
變成能在網路獨當一面的強者
來鼓勵那些想追夢的朋友們
給那些瞧不起我們的大人知道
只要有心沒有經驗的人也是能夠

賺到別人口袋裡的錢
歐歐歐歐
真・真心話

Chapter 1

我94個廢物

高三那年
不高級高中
餒，微疼！
你寫好了沒？
啊！小鋼啊
寫什麼？
呵呵
北七唷！就是大學的志願表啊
老師在催了！
蛤？啊就不知道要填哪間啊

唉呦！隨便辣！
有個學校就好啦
反正就先看成績
能先上國立或是名校
就先填咩
而且啊！跟你說個好消息
什麼好消息？
呵呵！就是啊
我們的大考成績很接近
很有機會能夠上同一間大學
是不是很棒啊？
哇！真的啊

哈哈哈哈
好…棒…喔…
你的臉跟台詞完全沒有同步啊！
這就是我的高中生活
都只是為了分數奮鬥
沒有人在乎我的興趣
連到最後成績出爐了
落點分析
都還不知道自己未來想要什麼？

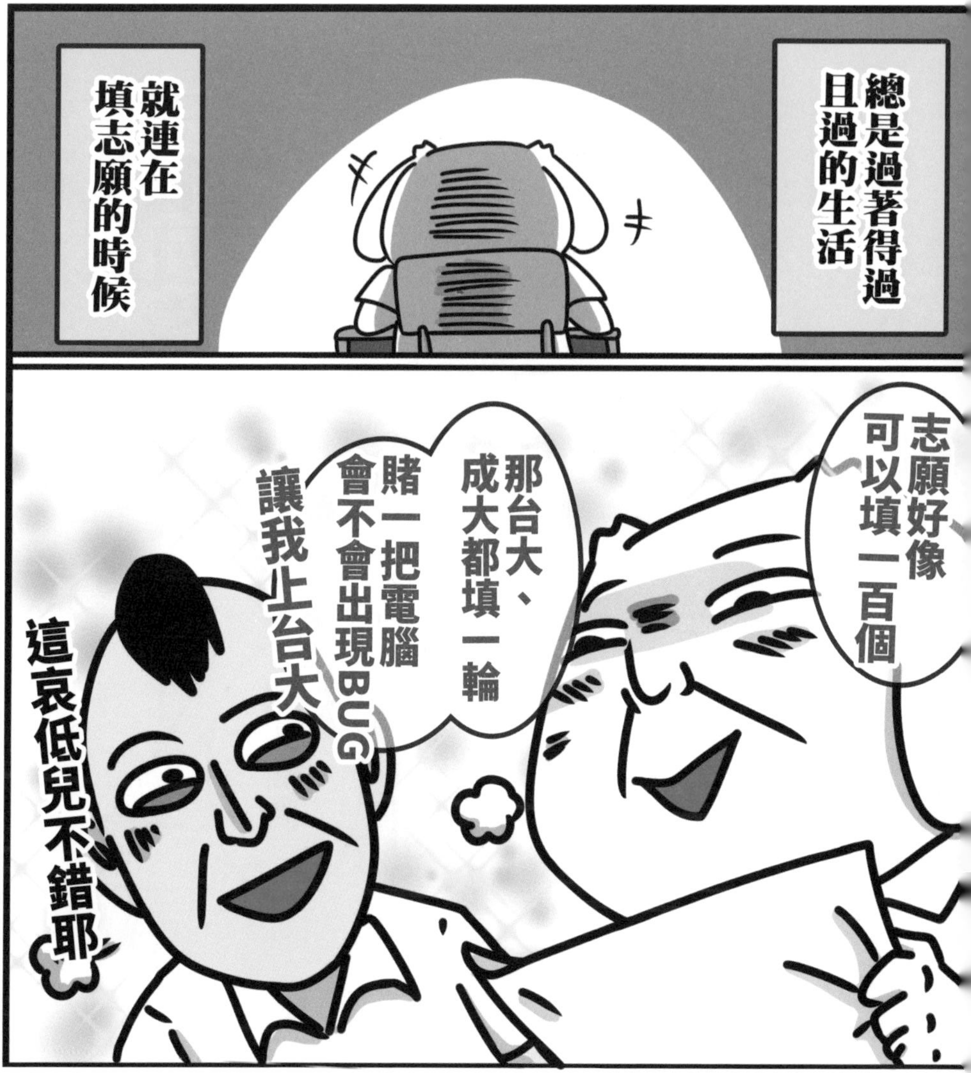
總是過著得過且過的生活
就連在填志願的時候
志願好像可以填一百個
那台大、成大都填一輪
賭一把電腦會不會出現BUG讓我上台大
這哀低兒不錯耶

對~就是這麼隨便

(つ●ω●)つ

三個月後
各位同學，
歡迎你們
來到這所學校，
會在這裡相聚
就代表我們有緣

當初你們各位會選擇這個科系
那想當然的
就應該表示
咖咖咖
你對於

數學應該
都很有把握吧
必修科目
統計學
會計學
經濟學
我們
國際企業
管理學系
可是充滿數學的
歡樂天堂歐歐歐歐
而且為了
跟國際接軌
我們的考試
還有課本！

全部都用英文
(簡單的說就是以後都用英文來解數學題)
驚
驚
驚

我說各位，
應該沒啥問題吧
畢竟這是你們選的科系唷
沉重
呵！用全英文來解數學題目
這種事對我來說

靠北！
死定了
純種數學+英文白癡

就這樣，我在成績的安排下
上完全沒有興趣的科系
一學期貴森森的學費
亮
對我而言就是用
鈔票換文憑而已

Coffee
不過我的大學
也不是
就這樣虛度了
至少我都會
用課餘時間
咦？
歡迎光臨！
總共幾位呢？

一位！我要靠窗的座位
嗯！
你怎麼不去吃屎啊？
砰！

渾蛋！上班都要遲到了
還給我玩角色扮演
快打卡、洗碗、送餐點！
好辣！知道辣！
就這樣，對於學校科系沒興趣的我
開始不斷地打工
想在實際操作中知道自己喜歡什麼

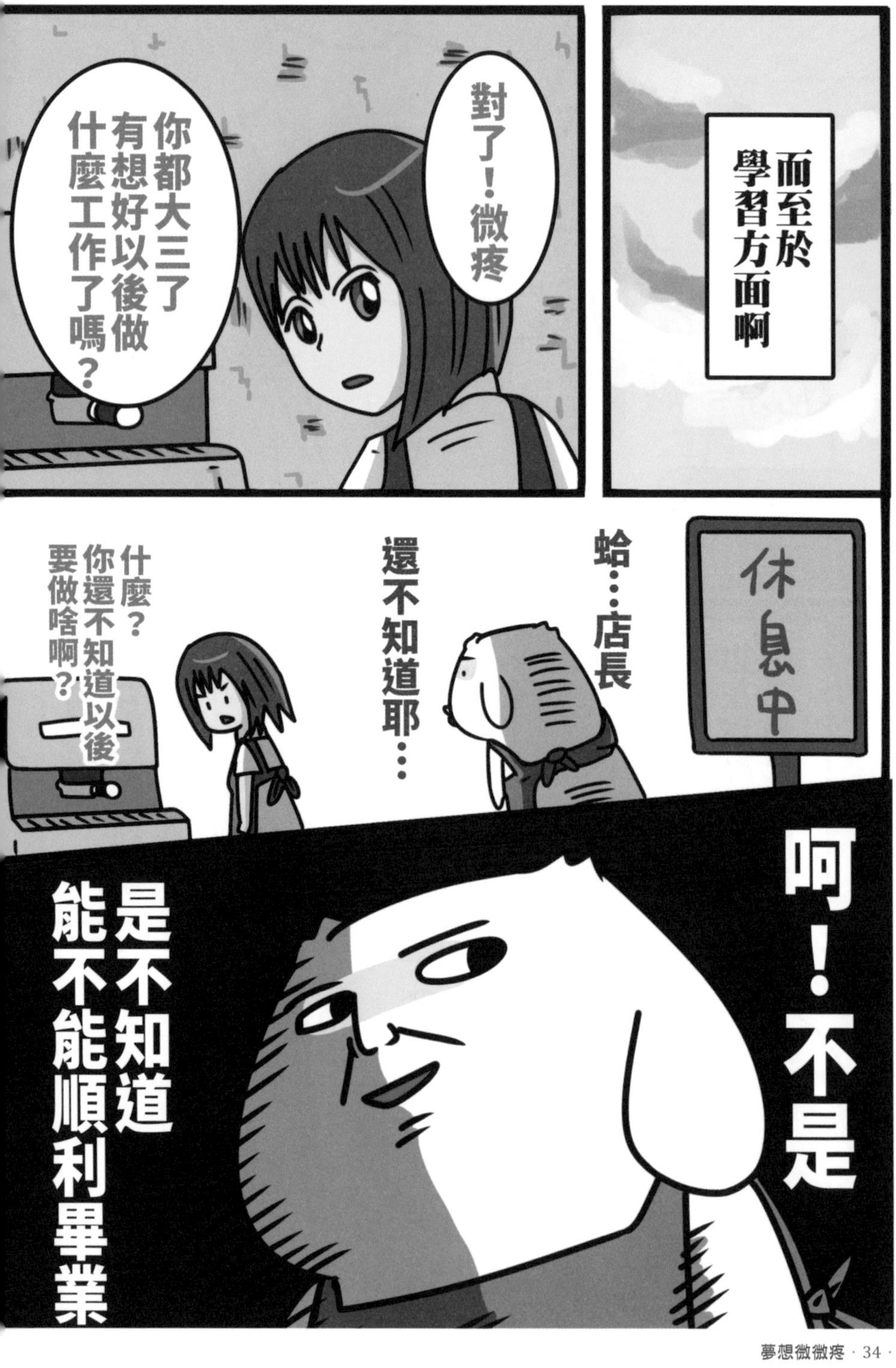
而至於
學習方面啊
對了！微疼
你都大三了有想好以後做什麼工作了嗎？
休息中
蛤…店長
還不知道耶…
什麼？你還不知道以後要做啥啊？
呵！不是
是不知道能不能順利畢業

你這個廢物
就這樣
在我大學的
這段期間
總是抱著
先過完這天再說吧
的心情度過
長相普通
身材普通
家世普通
學校普通
唯一的優點
就是刻苦耐勞
當時我以為我的一生
就是負責把普通二字
發揮到淋漓盡致吧

直到了
命運的那天
啊啊啊啊啊啊
死定了！
期末考要遲到了！

可惡啊！昨天不該去夜唱的
想說瞇一下下就好
抄這條近路應該可以比較快…
你媽哩！
擋屁擋啊！整條路都給你開就好了

哈哈哈哈哈
剛剛好辣！
這種間距
就想難倒我？
台南長○大學
國企系
車神你聽過沒？
葛格我可是有
鑽車的
檢定考試捏
汗
什麼啊？幹嘛
要我看前面？
一臉
看到鬼一樣
指

前面是有什麼
東西逆？
喔歐歐歐歐歐歐！
啊啊啊啊啊啊啊！

靠北
啊！

那天因為我逆向超車
直接撞向了對向來車
我的人生第一次被撞飛
真的是飛高高
如果你問我到底有多高？

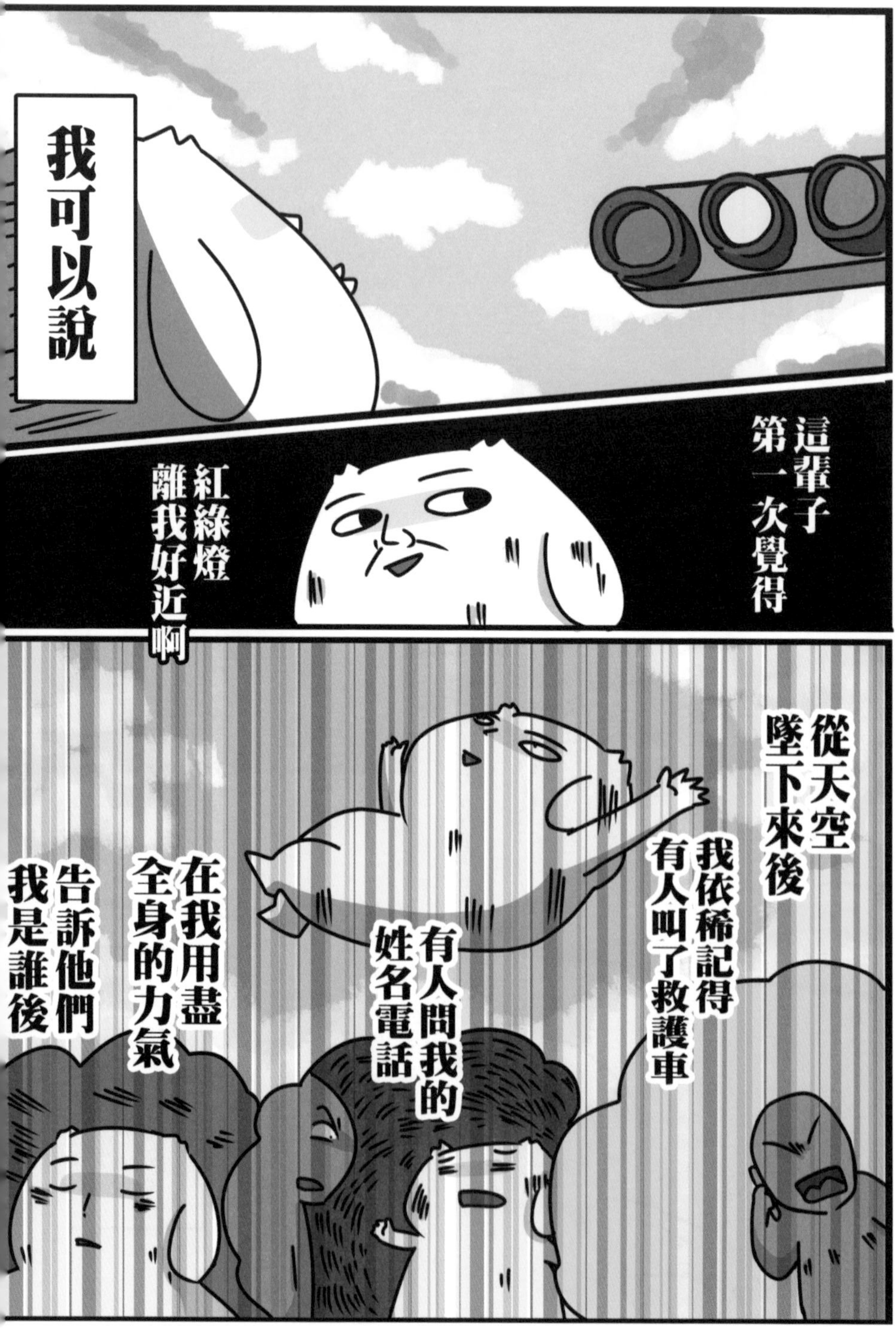
我可以說
這輩子第一次覺得
紅綠燈離我好近啊
從天空墜下來後
我依稀記得有人叫了救護車
有人問我的姓名電話
在我用盡全身的力氣
告訴他們我是誰後

我就被
急診室
送進這裡了

容易讓人壞掉的事物有兩種
一、毒品
二、沒有目標的生活

Chapter 2

發芽吧!才能種子

市立醫
醫生！
我兒子他還好嗎？
他還能走路嗎？
502病房
哎呀！這個可以放心
等康復之後就可以走路了
但還是需要一段時間

一段時間？
要多久？
很嚴重嗎？
你先冷靜咩
微疼的骨折
不是一般狀況
一般常見的骨折
就是骨頭
有裂痕
嚴重一點
的骨折
是骨頭粉碎
而微疼呢
他的骨頭啊
不只碎爆了！
骨頭碎片
還穿破肉，
腳整個支離破碎
就是開放粉碎性
骨折辣！

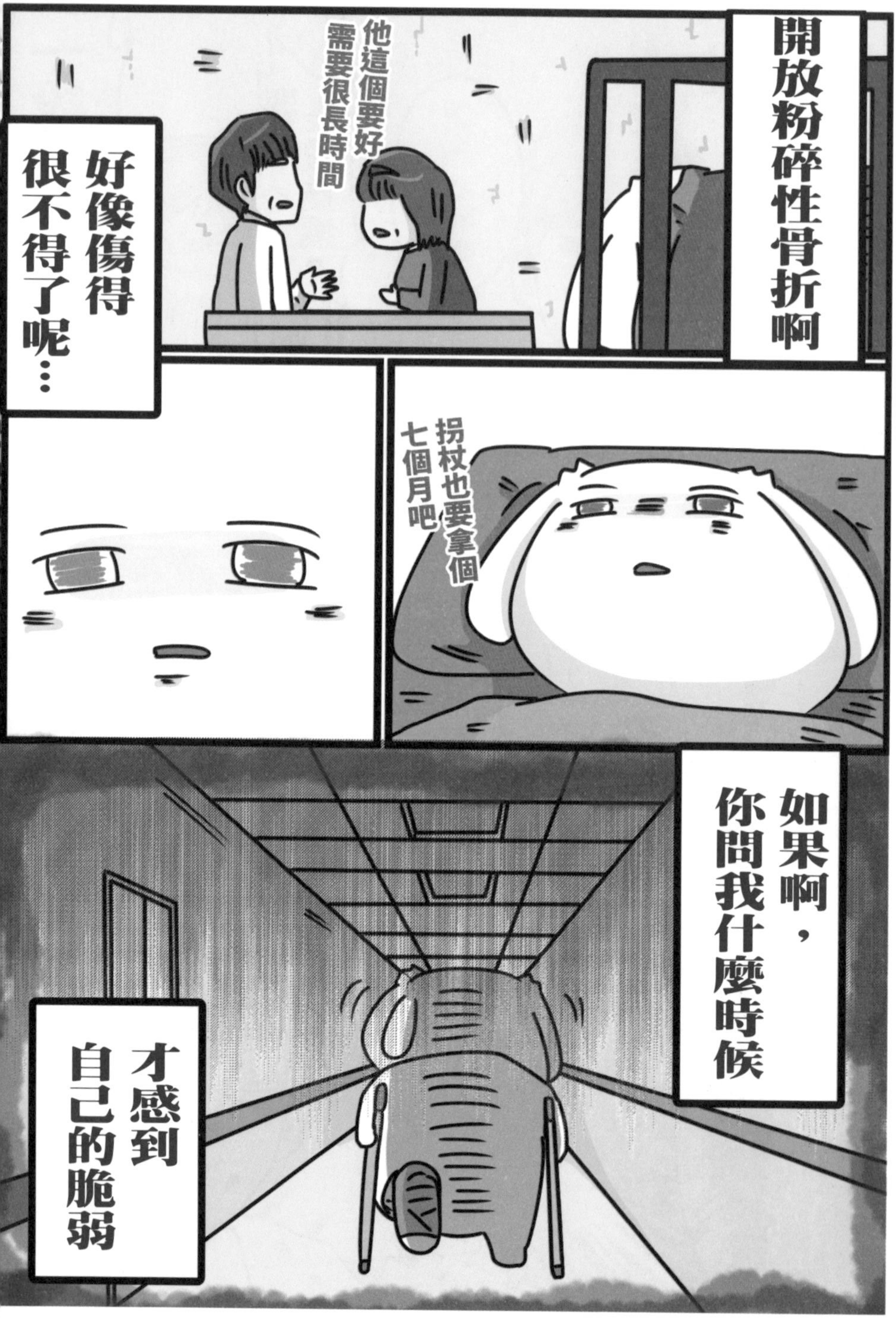
開放粉碎性骨折啊
他這個要好需要很長時間
好像傷得很不得了呢…
拐杖也要拿個七個月吧
如果啊，你問我什麼時候
才感到自己的脆弱

那我可以肯定地跟你說
抖抖抖抖
就是上天把你認為的理所當然
毫不留情地奪走時
咖咖
滑
啊啊啊啊啊啊!
你才知道

這一切原來這麼的
難能可貴
磅！
啊！
尤其是健康
這種用錢
也買不到的東西
同學！

但好險我還有
女。朋。友♥
哈哈哈哈哈
斷一條腿算什麼？
至少我
還有人愛
還是屌打一票人
咦？
有一封簡訊耶
結果
就
寄信者 寶貝
阿疼，你太醜了
我們分手ㄉ

嗚嗚嗚嗚……
嗚嗚嗚嗚……
歐嗚！
你可以笑我
沒健康也沒女友了

寶貝，那個人好像很傷心耶
不要看他啦！你腿斷了能不傷心嗎？
嗚嗚嗚嗚嗚
就這樣
我失去了
我從來沒有想過會失去的東西

咑咑
咑咑咑咑
咑咑咑咑咑
唉喲！白癡唷！怎麼會走這邊？
診斷證明書
請假單
煩耶！

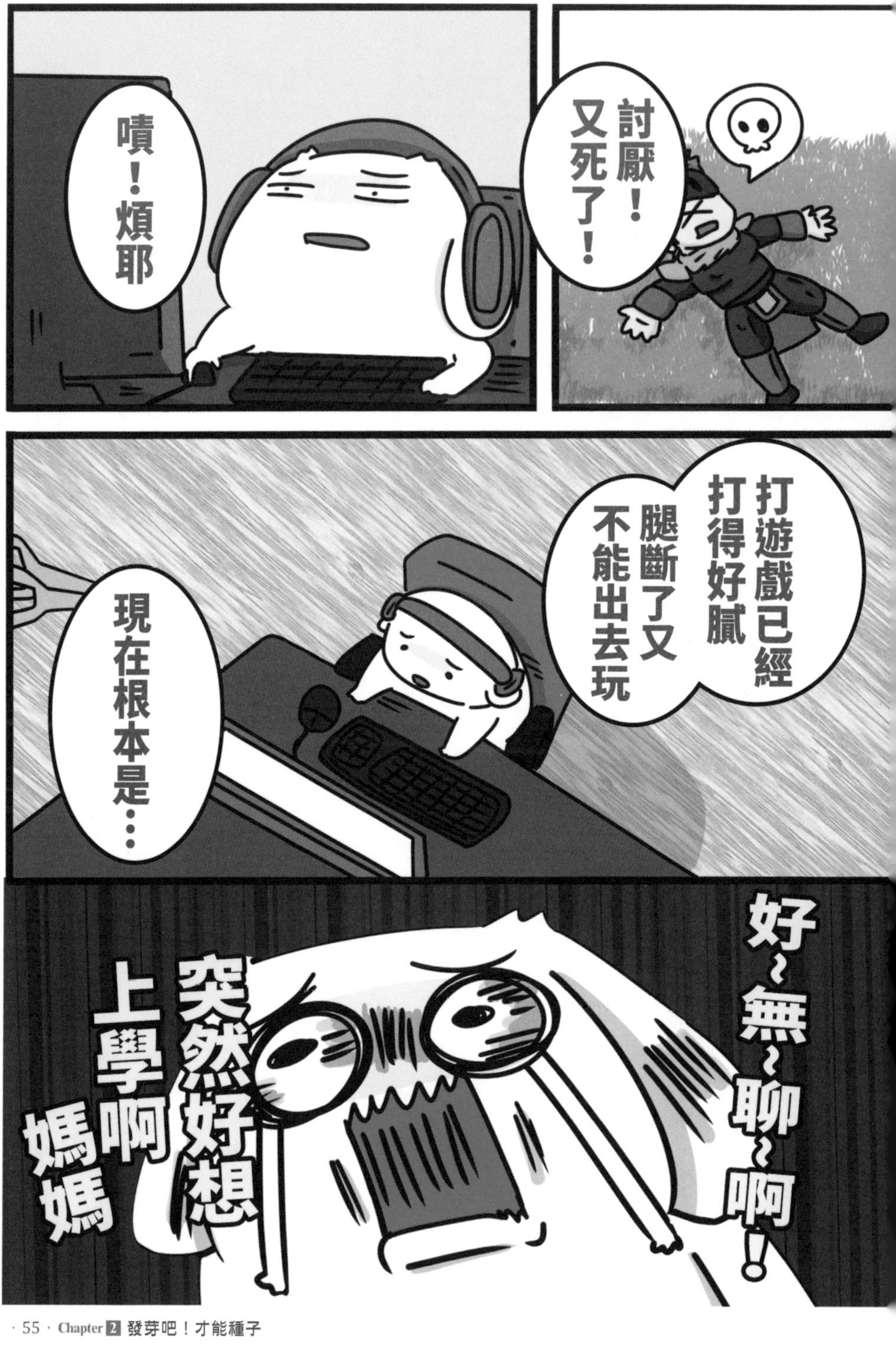
討厭！又死了！
嘖！煩耶
打遊戲已經打得好膩
腿斷了又不能出去玩
現在根本是…
好～無～聊～啊！
突然好想上學啊媽媽

上大學後就開始打工的我
三年來都沒有停止打工的我
對了！
乾脆來結算存款好了
到底
有多少？
存摺本

只有
五千塊
5000
X的
廢到笑

過去……
三年來
都在打工的我
風雨無阻的
都要賺錢的我
居然三年只存
五千塊？
我是廢物嗎？

我到底在幹嘛？
念了不喜歡
的科系
拚命打工
卻還是只存這點錢
現在又每天
只能待在家
唉。
沒錢又沒健康
連人生
目標都沒有
我只是塊
會呼吸的肉而已

好無聊
看一下無名圖文的漫畫好了
無名圖文
曾在台灣紅極一時的部落格
無名圖文上有許多台灣優秀的原創部落客
後來有次也在看電
我先看一下少女時代新聞啦
嗯！有異味和放屁聲！？
會不定時在部落格更新漫畫
換句話說就像是現代的YOUTUBER會在頻道更新一樣
哈哈哈哈哈！
好好笑！
而那時候最大的娛樂
就是看無名漫畫

而在那一瞬間
我突然有個大膽的想法
後來有次也在看電視時
我先看一下少女時代新聞啦
海賊王啦~
啊啊啊啊啊啊！
就是這個啊！
我怎麼沒想到？

我從三歲開始
就拿畫筆
五歲開始看卡通
六歲看漫畫
學生字
從小到大
我就是個被
漫畫塞滿的人啊！

我知道了！
上天斷我一條腿
就是要提醒我別荒廢這雙神之手
三天後。

孫先生您的包裹
請收件
謝謝！掰掰！
咚
哈哈！終於來辣！

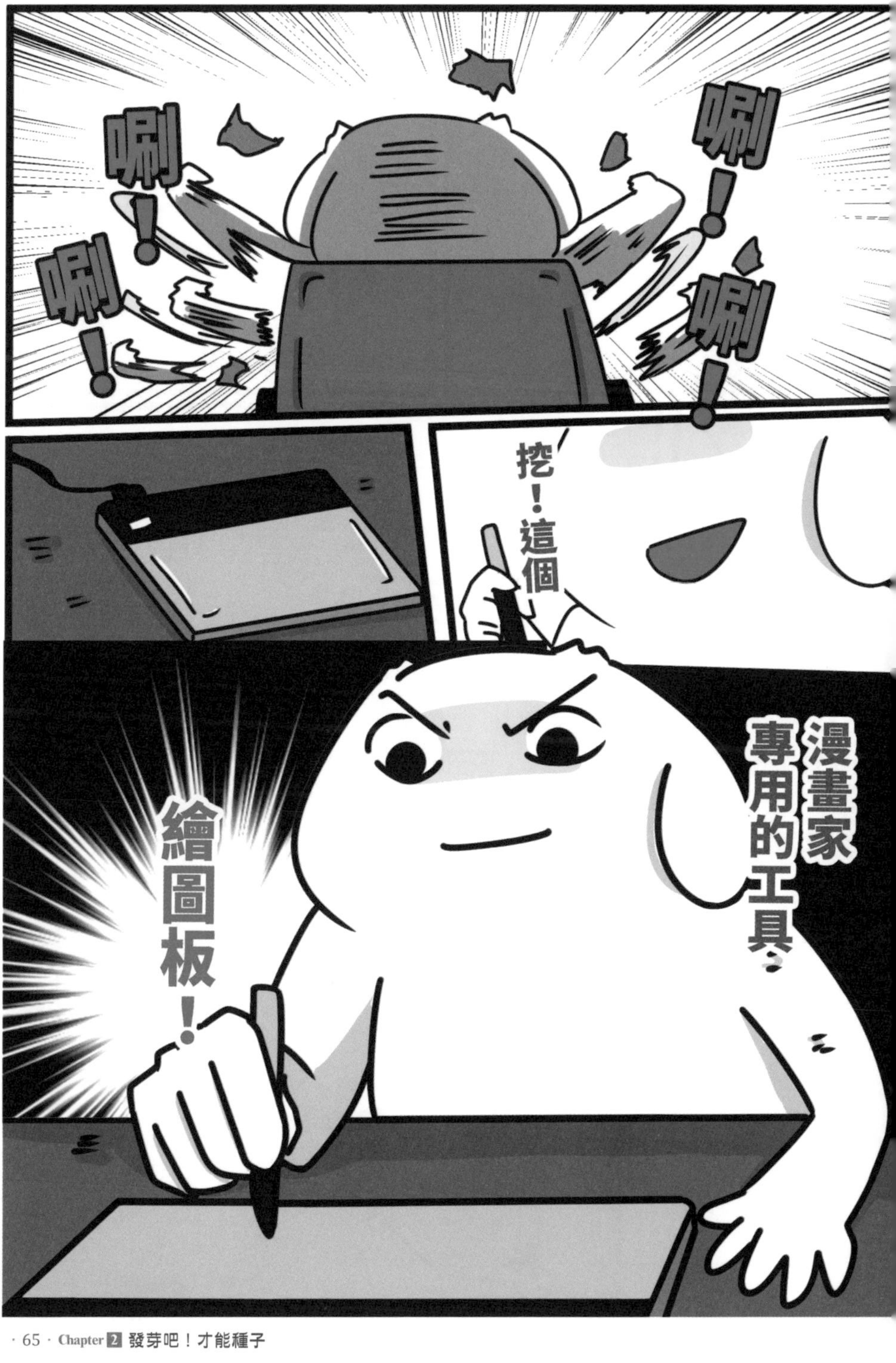
唰！
唰！
唰！
唰！
挖！這個
漫畫家專用的工具，
繪圖板！

呵呵呵
呵呵呵呵……
唉呦~是專業的工具耶
叮叮你看~我要當漫畫家了
好！來吧！
開始畫畫囉！
從那一天開始
從我拿起畫筆的那一瞬間

就正式宣告
你們的王降臨了
我不眠不休
花了三天的時間
終於畫出了
第一篇漫畫！
大家好, 我是腳
正在
復原的男孩
Hi

嗯⋯⋯這個
花了三天
畫出了這個
還不賴嘛
沒學過畫圖的我
根本是天才等級的
自我感覺良好專家
傳給小鋼看看好了
小鋼
https://howbegin2010.pixnet.net/blog
叮咚

喂？小鋼！如何？有沒有看到
我畫的漫畫
怎樣？有看到嘛
唷有啊！
哈哈哈哈哈如何？我畫得不錯吧
怎樣？給個評語吧
評語啊？你認真要聽？
對啊！講啊～
X的！
不要浪費電畫這種垃圾好嗎？

居然叫我浪費生命看這個
欠我一杯多多綠！
掰
掛
唉
啊哈哈哈哈
真是的
沒關係~
天才總是孤獨的
凡人看不懂藝術
自我安慰大師

而就這樣，我沒有因為朋友的幾句話
去停止我想做的事
反而是，我花更多的時間
不斷地
持續地練習
或許我畫的不是很好
但我可以透過努力讓自己更好

就這樣，因為腿傷哪都不能去的我
哎呀！好累唷
反而將所有的精力都放在畫畫
拎拎拎拎
而就這樣過了七個月後
喂？
喂！垃圾你在幹嘛？
你不是說可以來上學了人哩？
唉喲！我在畫圖咩
如何？老師今天有點名嗎？
沒有點名辣！你馬卡差不多點！
繳學費不來上課！在家裡當畢卡索畫那種垃圾圖

都七個月了！
你腳骨頭
都長好了
結果畫圖
還是那個鳥樣
你的手比
腳還笨耶
乾脆用
腳畫好了你
怎樣這樣？
好傷人唷唷唷

沒錯，七個月後
我的畫技
還是一樣廢到笑
市立
唉喲！
看起來
恢復得
不錯唷
恭喜你啊
真…真的嗎？
對啊！
你可以完全
放掉拐杖
恢復正常
的生活了
就像過去一樣
正常的生活
像過去一樣…

嗯？
然後他就啊…
哈哈哈哈白癡耶
嗨！大家偶來惹~
襪靠！特地把我們叫出來
到底有什麼事？
那個…
我有事
想聽聽你們的意見

大概就是這樣
醫生說我的腳好了
可以回到以前的生活了
但其實我
不想回到以前那種生活了
不想再沒有目標地打工了
我有夢想我想要一直畫下去
我喜歡畫畫我想用畫圖為工作目標
你們…覺得如何？

這樣啊…雖然你畫得很醜
不過也算是件有目標的好事
呵！
笑死了
把我們全體叫出來
就為了要替你取暖啊
都幾歲了還想追夢啊
問你
沒學過畫畫的你
贏得過那些
從國中、高中就開始練基礎的人嗎？
都念到大三了還在搞追夢
你先想想這學期會不會被當吧？
更何況是你那種幼稚園等級的圖

你現在是怎樣？
漫畫畫多了就以為自己是主角命啊？
你跟我們都一樣
平～凡～人～
抖抖抖
乖乖醒來別作夢了
咻！
啪！
靠！誰啊？
啊！抱歉啊

這波霸好像有生命一樣
想噴噴那些自以為是的豬
但是你他媽，再嘴臭一句看看
下一顆我絕對會
噴到你的嘴裡
請你吃

餒！小鋼剛才謝謝你
替我講話
白癡唷
是阿豪嘴巴太臭
不用謝辣！我早看他不順眼了
不過啊，他說的也沒錯
如果你真的想畫圖
那真的要努力了
你已經輸在起點很多步了
而且你的圖真的很醜
靠北唷
但老實說啊其實我知道
剛剛那番話阿豪是很羨慕你的
蛤？羨慕？
你不知道啊？他羨慕的就是

羨慕
你還有夢想啊。

那天晚上
我在回家路上
看著滿街
的招牌
想著今天
下的決定
如果沒有
那場車禍
或許我還是
茫然地停在原地
茫然地照著
社會的規定
紅燈就停，
綠燈就走

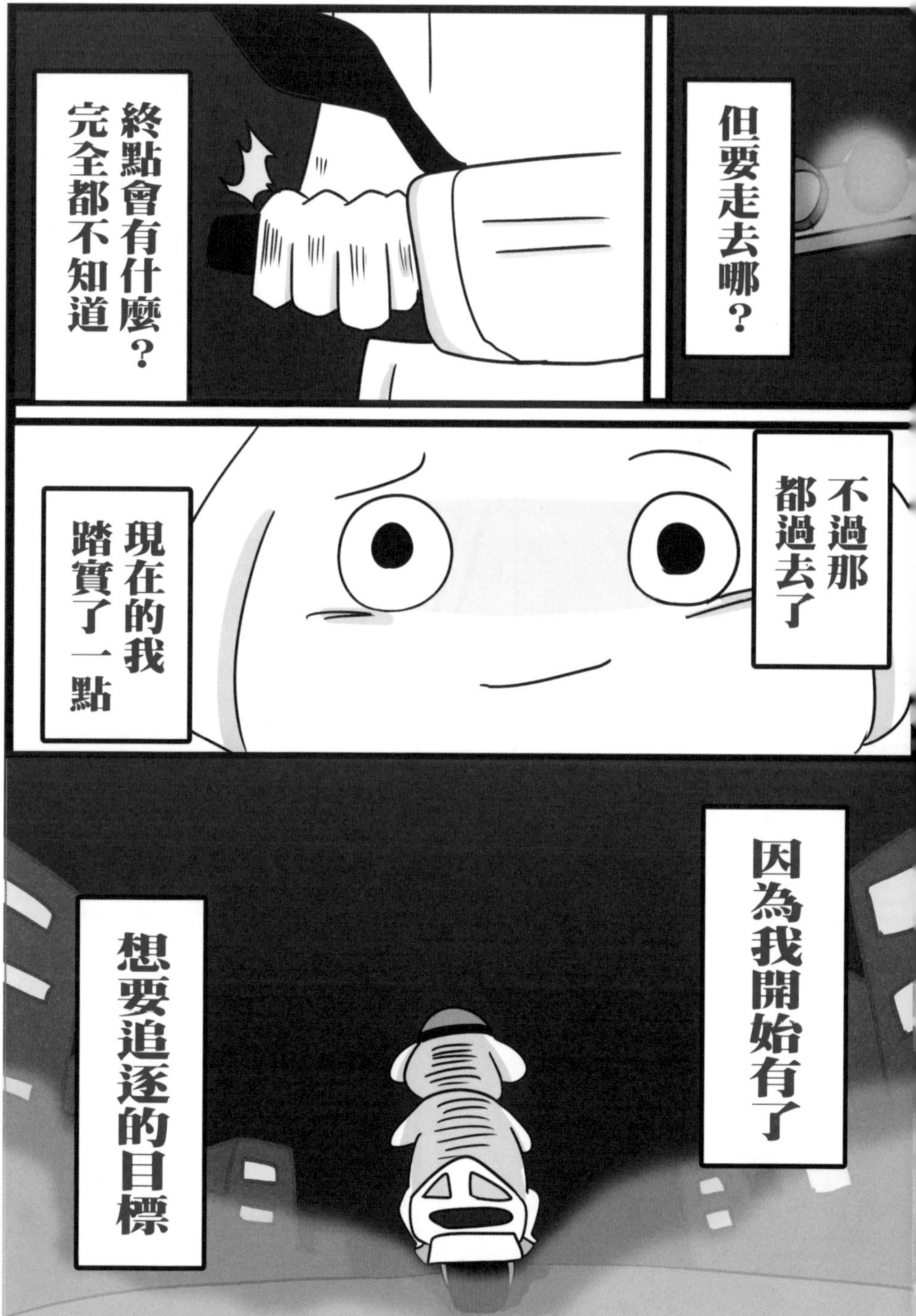

但要走去哪？
終點會有什麼？
完全都不知道
不過那
都過去了
現在的我
踏實了一點
因為我開始有了
想要追逐的目標

三天後
拎拎拎拎拎
拎拎拎拎拎
拎拎拎拎
拎拎
拎拎拎拎拎

嘖！煩死了
是誰辣？
一直打來
喂？
誰啊？
靠北！我辣還誰！
蛤？小鋼唷
你還在睡！
出大事了辣！
快去看你的部落格
快點！

你的部落格
它居然⋯⋯
真的假的？
白癡唷！我會騙你嗎？
啪！
咚咚咚

書房
你的部落格
磅！
光一個早上的時間

驚訝
就突破!
參觀人氣統計
當日人次: 401202
累積人次: 403202
RSS
POWERED BY
無名小站
四十萬人瀏覽了啊!

喔喔喔喔喔！
我的天啊！
我的漫畫！
被登上了
奇摩首頁！

當你的世界真的崩壞一次，
你才有機會做自己的上帝。

Chapter 3

歡迎來到名叫挫折的房間

襪靠你看！是他耶
蛤？他誰？
你不知道他？
他可是我們系上的紅人耶
你知道他的部落格一天有十幾萬人在看耶
靠！真的假的？這麼強？

對啊！國企之光耶
他的漫畫也都很有趣
不過聽說畫的有點醜就是了
可惡！居然說我畫的圖醜
男廁
呵呵呵呵！不過居然開始有人認出我了
豪爽唷！
趕快筆記下來當作下一集的梗

自從那天
我的漫畫上了
首頁之後
我的漫畫瀏覽
來到了人生高峰
漫畫家！
回來辣！
嗯嗯！來看看
今天有多少人
來看漫畫呢？
今日瀏覽人數:20071
累計瀏覽人數:500021
唉喲！
有兩萬人
來朝聖漫畫啊
媽哩！如果收
門票真的削翻了
(備註部落格
漫畫是沒收入的)

好啦！既然有這麼多人在等我
就準備來更新吧！
叩叩！
ㄟ阿疼啊！
我有買鹽酥雞下來吃
歐好啊！等我一下
我這畫完就下去

阿姆阿姆
我就跟你說不行咩
哈哈哈哈哈好白癡
這太北七惹！
啊哈哈哈哈哈媽媽你看！
阿疼。幹嘛？
安靜，媽媽有事問你
嗯！請說
我問你，你每天在那邊畫畫在畫什麼？
怕媽媽體質
這個啊！我在畫漫畫啊

如此如此
這般這般
厲害？
你是說你每天花時間
畫漫畫給人看免費的
然後自己一毛錢
都沒賺到？
以上。
就是我現在
在做的事！
很厲害吧！
嗯⋯⋯
對。
哈哈哈哈
不是咩
現在剛起步啊
等以後名氣更大
就會有廠商
找我來工商業配
麥騙嗬
蛤？

麥騙唷！
你會紅才怪
你是我生的耶
你有幾斤重
我會不知道？
修…修但幾類！
別這樣咩
一定可以的啊
雖然我無法保證…
算了。
媽媽不想
介入你的人生
但你要了解
都大四了
現在做這個，
對你的未來真的
有幫助嗎？

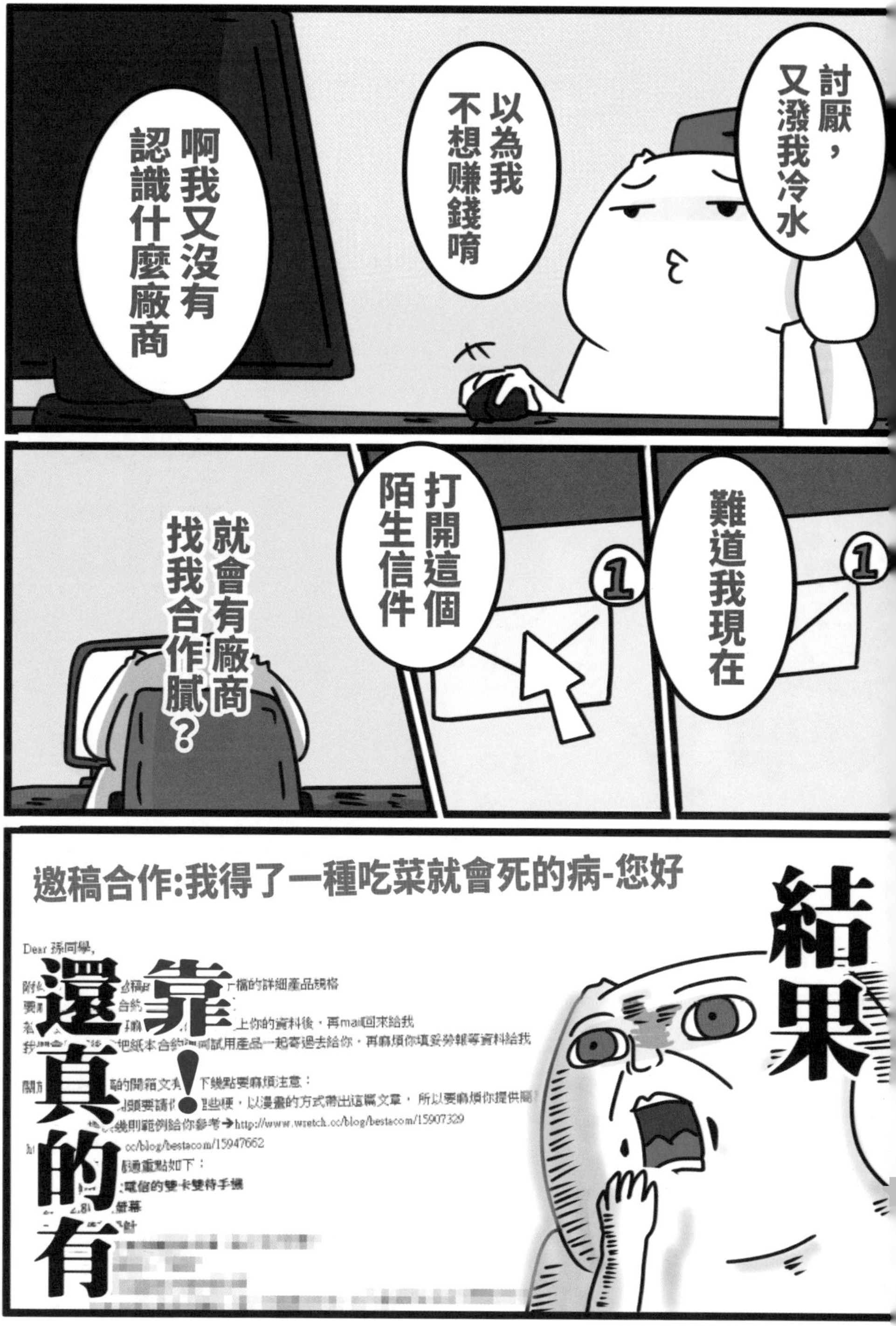
討厭，又潑我冷水
以為我不想賺錢唷
啊我又沒有認識什麼廠商
難道我現在
打開這個陌生信件
就會有廠商找我合作膩？
結果
邀稿合作:我得了一種吃菜就會死的病-您好
Dear 孫同學,
http://www.wretch.cc/blog/bestacom/15907329
還真的有
靠!

親愛的
微疼您好
由於我們很喜歡
你的漫畫風格
本公司想邀請您
一起做業務
配合宣傳
費用為三千元整
再懇請您的回覆
啊啊啊啊啊啊！
三千耶！
好爽！
哈哈！我打工
一小時才一百
要做三十個小時
而我畫圖
只要五小時
三千除以
五等於…

一小時賺六百！
潮爽的！
就這樣，我開始了人生中第一個商業案
接了接了！五小時賺三千！
是是是 我願意賺你的錢
也是自己第一次接洽廠商
踏入了用興趣賺錢的領域
啊啊啊啊啊！拚了！

當時的我是這樣想的
一篇三千塊！我五小時就可以畫完
那我一個月畫十篇就有三萬了！
哇！那就不用去上班了

結果

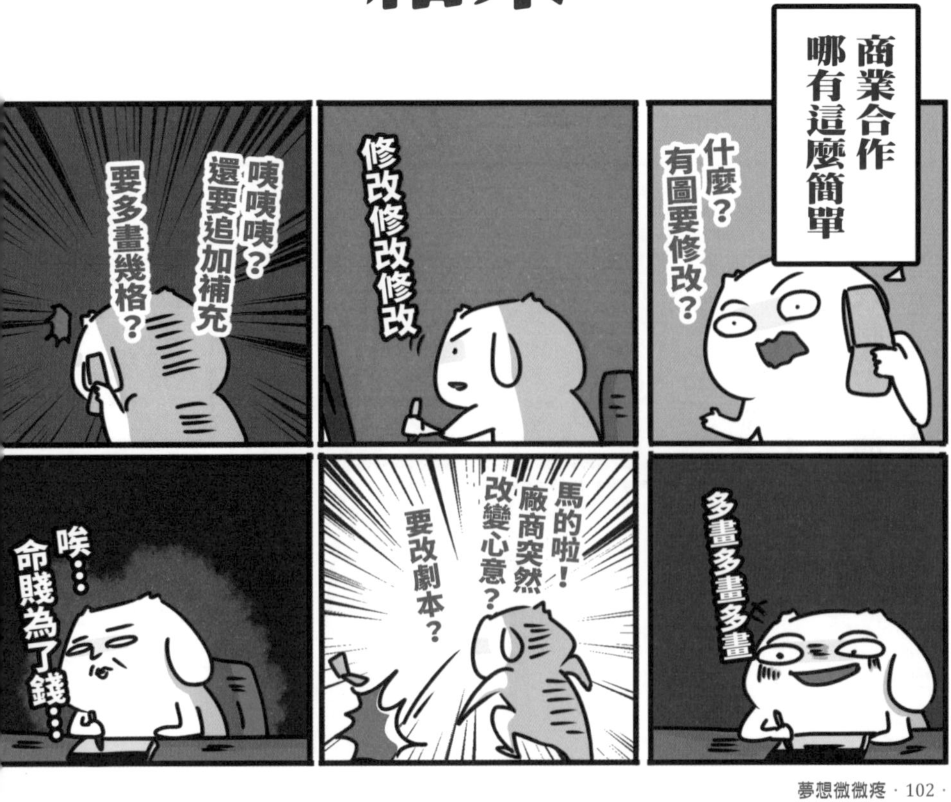
商業合作哪有這麼簡單
什麼？有圖要修改？
修改修改修改
咦咦咦？還要追加補充要多畫幾格？
多畫多畫多畫
馬的啦！廠商突然改變心意？要改劇本？
唉…命賤為了錢…

三週後
什麼？你說文章OK了？
改了六個版本終於過關了！
沒錯唷~再麻煩你提供轉帳帳號
我們會在發薪日的當月五號
把費用轉給你

嗚嗚嗚嗚嗚
謝…謝謝你
修但幾類？
你怎麼了
你在哭嗎？
下個月五號
哇！今天是怎樣
頭殼壞掉啊？還是得絕症？
居然想請我們吃飯啊！
ATM
哼！想吃飯嘴巴就甜一點
本大爺今天領第一次的業配薪水
把你們當兄弟今天吃的喝的都算我的

呵呵！出來吧！
折騰我三個禮拜的稿費
插入提款卡！召喚！
稿費！
結果。
餘額 500
三…三小
錢…怎麼…
沒有匯進來

啊啊啊啊！太靠北了！
怎麼會這樣？稿…稿費呢？不會是遇到詐騙了吧？
哈哈哈哈哈第一次接業配就拿不到錢
公司倒閉囉~
安靜！閉嘴！我在打電話確認了
結果跟廠商確認後
微疼，我們查過囉
我們是每個月五號匯款沒錯
你的費用也沒問題

只不過
我們合約是有寫唷
要等九十天後
才能匯款唷
原來所謂
的業配
真正
要拿到錢
按照流程都要等
九十天的時間
襪靠！
要等九十天
唉！沒辦法
窗口說這是行規
大家都
這樣領錢
唉呦！
算了換個
方向想
開始有人
找你業配了
也代表，
你正式被廠商
認可了呢

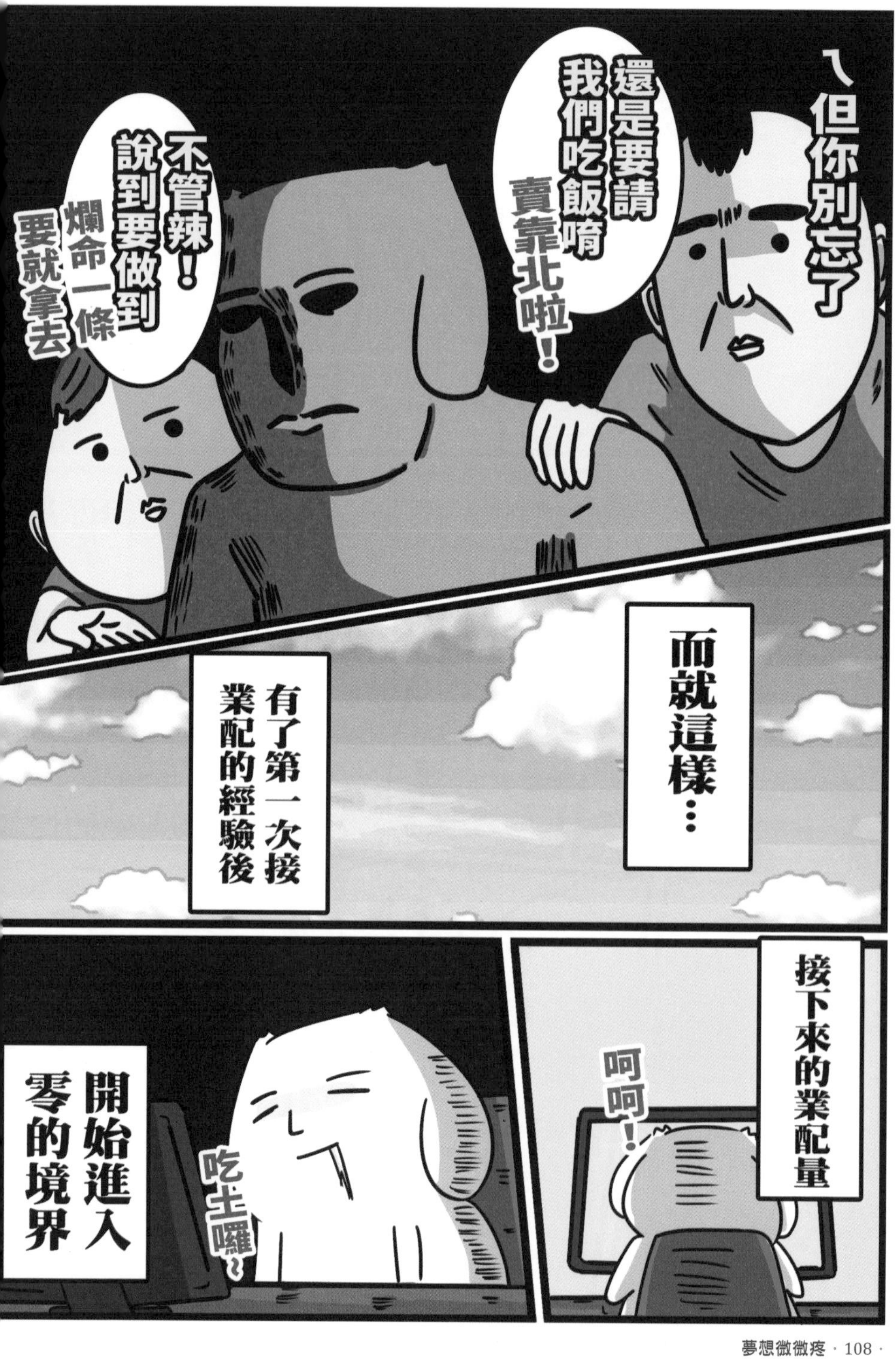
ㄟ但你別忘了
還是要請我們吃飯唷
賣靠北啦！
不管辣！說到要做到
爛命一條要就拿去
而就這樣……
有了第一次接業配的經驗後
接下來的業配量
呵呵！
開始進入零的境界
吃土囉~

呵呵算了
沒錢也沒差辣
反正我一開始畫圖
就是因為我喜歡畫畫啊
更何況，現在還有這麼多人等我更新呢！
趕快趕更新吧
那個時候我才發現
即使沒有錢拿我還是想畫下去
因為我拿起了這輩子最難以放下的東西
畫筆。

而就在某天
小鋼！你在幹嘛啊？
喂！幹嘛一回宿舍就在打電腦啊？
來嘛~這床還空一起身體貼身體吧
噁心死了！我才不要跟你勒
我正在種菜，很忙的
種菜？用電腦？
算了你來看看
這個

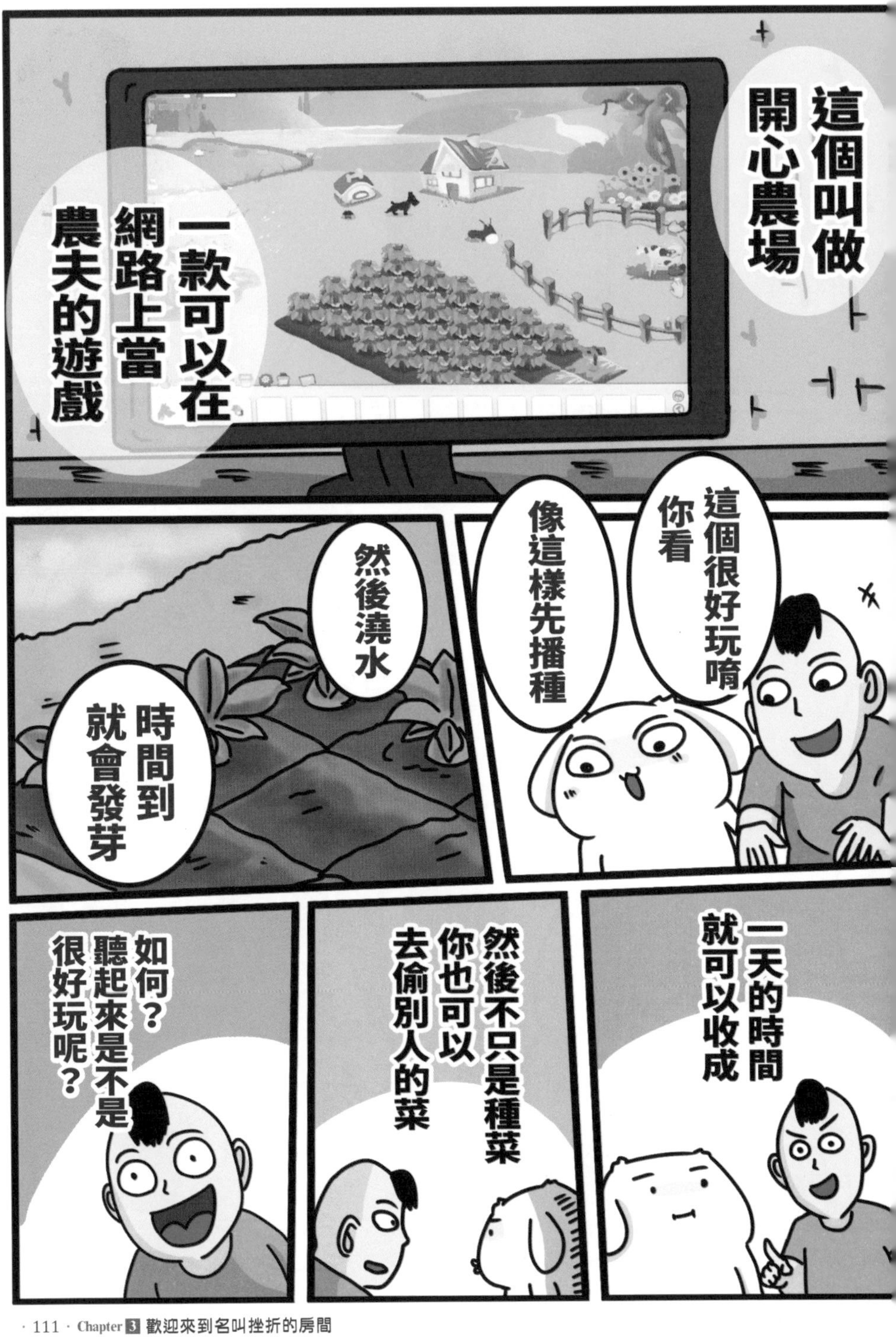
這個叫做開心農場
一款可以在網路上當農夫的遊戲
你看這個很好玩唷
像這樣先播種
然後澆水
時間到就會發芽
一天的時間就可以收成
然後不只是種菜你也可以去偷別人的菜
如何？聽起來是不是很好玩呢？

要不要一起加入！
當個快樂的農夫吧！
蛤？
混蛋！不用要那種臉
尊重一下這個遊戲好不好？
白癡唷！
網路種田又吃不到摸不到
好玩個屁
不管辣！你先玩一次就知道了
手給我伸出來！
少在那邊控制我啊

就這樣，我被強迫玩了一個下午的遊戲
不得不說這種爛遊戲
還真～香～
豪豪玩歐～
當時的臉書剛進入台灣的第一年
就用了免費的網頁遊戲
還有交友活動

瞬間在全台灣引起一陣熱潮
靠北！你昨天幹嘛偷我菜
北爛耶！你自己又不收成
為什麼你臉書好友有加那個誰？
他是我國中同學
不只如此臉書的功能
交友
相簿
寫日記
瞬間取代了部落格
一個月前大家的話題
唉！你昨天有來我部落格怎麼不留言不推推
我在誰來我家功能看到
一個月後變成了
混蛋！狀態幫按讚啊！
幫分享啊！
還有，你好友裡面怎麼那麼多正妹？
當然這樣人口瞬間的轉移
對我來說…

哎呀！沒事沒事辣
只是人變少一點點而已
大家只是一時新鮮
馬上就會膩了
日瀏覽人數:1500
瀏覽人數掉下來
只是假象
大家玩膩了自然就會回來的
我相信
只要有好內容！
就一定能夠留住觀眾的！

結果，三個月後
從每天兩萬人到只剩五百人
這什麼妖術？
整個甲賽
什麼？
你說為什麼都不用部落格了？
你在說什麼廢話啊？
用臉書潮爽的打動態、發廢文遊戲都免費部落格還要錢勒
可是⋯部落格就沒有讓你覺得贏過臉書的地方嗎？

沒有
完全無感
你們怎麼可以這樣？
部落格可是陪我們從國中一直到大學的耶！
仔細想想當年我們把妹的時候
還不是都用部落格來曖昧的
用完就丟！這樣對嗎？
餒！微疼學長
我鄙視你們這些垃圾
太可惡了你們！

幹嘛辣？
那個…學長
上次你說有二手書
要賣我
現在還有嗎？
啊！
油～當然油～
要幾本有幾本
太好了！
那我再跟學長
約時間拿書
好啊！
怎麼約？
學長
有臉書嗎？
我加你好友
這樣比較好約
啊！

啊！臉書啊
有啊~我有啊~
馬的！我要宰了他
前兩頁他講什麼都忘了嗎？
你搜我名字就有囉~
就這樣當時的無名小站
已經被臉書狠甩不知道幾條街了
而我的觀看數
就跟坐大怒神一樣下降得超快
唉…好不容易紅了
就要這樣沒了嗎？

而就在這時候
命運的齒輪把我推向了另一個章節
可惡！就算沒人看
我也不會放棄的
只要還有一個觀眾
我就會繼續畫下去
老哥！有你的信
信？
政府寄來的
公家信啊？
莫非是我前幾天扶老太太過馬路
她掛了，要將遺產轉給我嗎？
你這什麼禽獸的想法？
這個?!

兵種抽籤通知書
要當兵囉~
σ(´∀`)σ
乾O良哩
我要…
去當兵了
啊啊啊啊啊
在台灣普遍的男生
都需要服一年的兵役
是每個身體健全的男生
的責任與義務

但對於當時的我來說
去當兵根本是死路一條
救命…救命…
怎麼了？不過去當兵而已
不要辣 當兵就不能畫圖 不能用網路
我人氣已經很危險了 再去當兵根本會被遺忘啊
嗡～
關我…
屁事啊！

簡單地說
去當兵的我
會直接消失一年
啊啊啊啊啊啊
而收到抽籤單
也訴說著一件事
來！
麻煩左邊一點
另外一個
再靠過去一點

好！那我要準備拍了唷
1 2
3！
沒錯，我畢業了
靠！遇到瘋子

唉喲！好快唷
轉眼就畢業了
對啊！想到以後不能再用學生票
可憐啊！
ㄟ對了
你們兩個有想好要做什麼了嗎？
我打算去考銀行
薪水穩定
我啊，之後要跟我爸學水電
接他的事業
阿疼你呢？
會繼續畫圖吧？
雖然要去當兵可能沒辦法更新
但我相信你，你是個有實力的人
你會成功的
我啊…

應該去當完兵後
就跟我媽去學做保險了吧
我覺得
驚！
畫圖之神
訝！
好像已經放棄我了
幾天前
好消息啊！微疼！

合作窗口
有個商業合作要跟你合作了！
我可是非常用力
才幫你拿到案子的！
你聽了別嚇到
這合作準備要跟你簽一年約耶！
未來的一年你的漫畫、商品都會被大量曝光
也就是當他們的代・言・人
真的假的？
當然是真的啊！開心吧！
超棒的！
紅了可別忘了我唷
不會！
那我可以麻煩你一件事嗎？
嗯！好啊你說！
可以請廠商等我一年嗎？

什麼？你要去當兵？
為什麼選在這時候？
你瘋了嗎？
幹嘛啊？又不是我能決定的怪國家啊！
嘖
我問你，你是用右手畫圖的對吧？
對啊！
那把左手伸出來
握住！
為了你的前途
啊哈哈哈哈犧牲左手
把他敲斷就免當兵啦~
歐歐歐歐歐！賣鬧唷！

唉算了，我去跟客戶說你沒辦法配合了
抱歉…
沒事，這也不是你能決定的
當兵是每個男人的義務
但是啊…
你要有心理準備唷
在網路上創作消失一年
跟死了可是沒兩樣
畢竟，觀眾是健忘的

再見。
此時的我，正處於人生的未知數
當兵未知數
人氣下滑
廠商流失
正面臨了未知的轉折

於是當下我做了一個決定
與其有時間在這裡沮喪
不如好好的
痛痛快快的去當兵吧！
先解決現在的問題再說

六個月後
我正式收到入伍通知單了
我理了頭髮
跟朋友說再見
多吃點啊！裡面吃噴啊！
最後的晚餐！
搭上了地獄列車
再會了！陽間
啊不，是成為男人的列車

就這樣，我開始體驗全新人生
我簡單用幾格來跟大家介紹新訓在幹嘛？
例如，一邊做扶地挺身一邊被罵
混啊！身體起來！貼地板幹嘛？猥褻地球嗎？
一邊吃飯，一邊被罵
各位啊！咀嚼那麼大聲餵豬啊？
一邊洗澡一邊被恐嚇
你們他媽掉進時空裂縫啊？洗這麼久？
當兵就是不管做什麼被罵都是百搭

不過，幸好在裡面
還有一些休息時間
各位！稍息後
休息十分鐘
稍息！
而這些
休息時間
就是我
最重要的
精神糧食
按按按按
嘟嘟嘟嘟
喂？

喂！是我啊！阿疼啊！
我還活著啊！外面的世界好嗎？哆啦A夢被製造出來了嗎？
好啦！知道辣！你現在休息時間嗎？
對啊！休息時間只有十分鐘
所以我不廢話直接進入重點
我問你唷
你問
我的部落格今天有多少人瀏覽啊？

靠。
尼瑪的！等你電話等整天打來只會問部落格
當我股狗小姐唷？五百人辣！今天有五百人看你那長草的部落格辣
再見！
掛！

呵呵呵呵呵！
呵呵呵
還有五百人啊！
耶斯！我還沒被忘記！爽啊！
就這樣在當兵時
我還是一有空就畫圖
畫累了就看小說
吸取說故事的結構
甚至在站哨時思考腳本

甚至長官知道
我會畫畫後
原來你會畫畫啊！
那就來當我的
小幫手（奴隸）吧
我成為了輔導長
的小幫手
有更多的機會
可以參加
投稿到軍中的雜誌
當兵這一年
對我而言
有好有壞
學到了很多
也失去了不少
但至少
在經歷了這一年之後

偶變成了
超級肌肉猛男

你想被問題解決
還是想解決問題
一切都由自己決定

Chapter 4

天真VS現實

二〇二二年十一月底
嗯~天氣真好啊！
地點 台灣嘉義
嗨~自由的小鳥
嗨~自由的白雲~
哈囉~你是自由的蝴蝶嗎？
嗨~石頭你好啊
媽的！你夠了沒！退伍就快給我滾！小心我一槍斃了你！
死老百姓

滾！走開！不要讓我看到你！
天大地大退伍最大
當活老百姓的感覺真好
沒錯！熬過一年當兵的我
終於退伍了
嘿！我回來了！親愛的電腦！
好久不見啊！有想我嗎？
我要來好好的

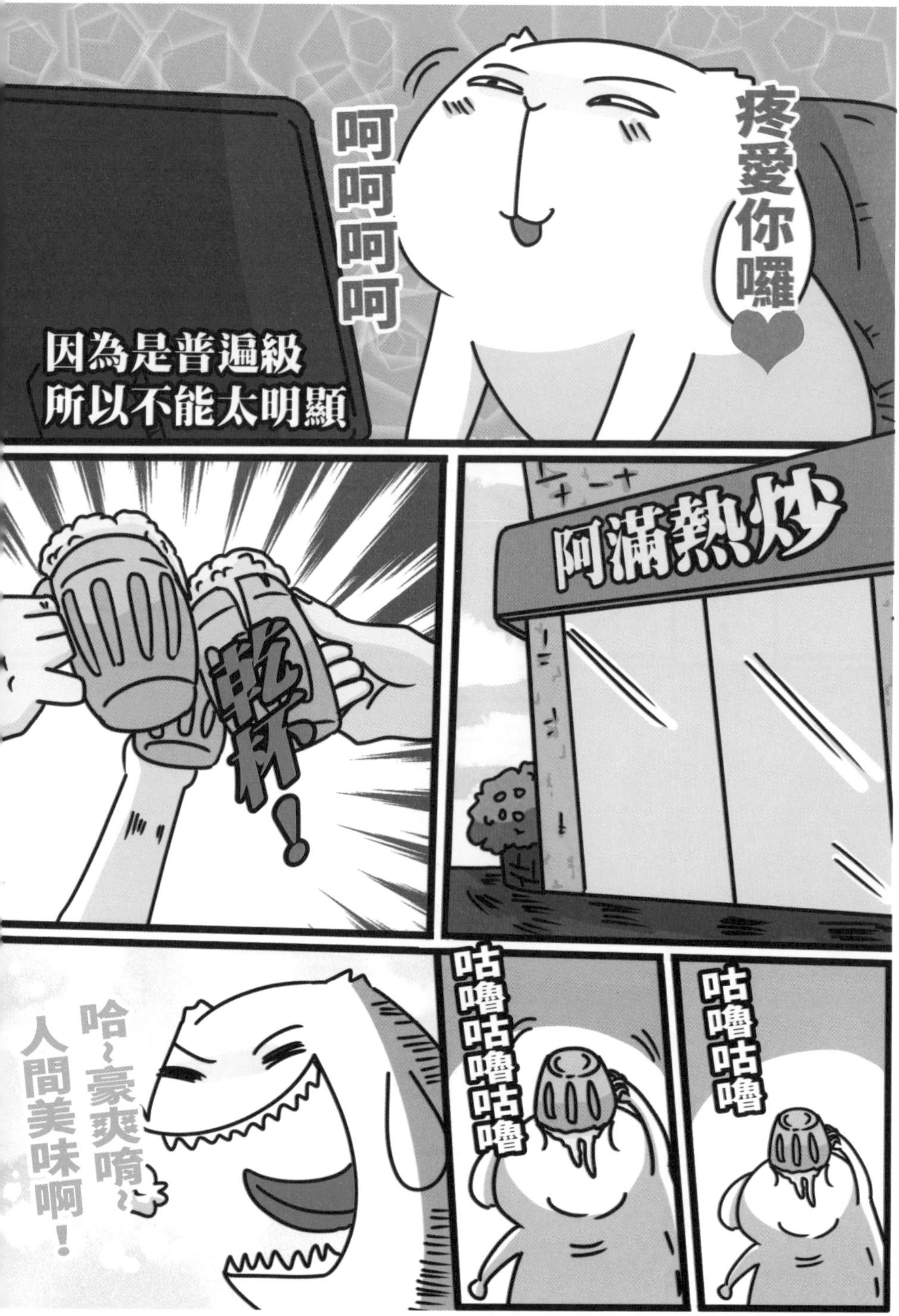
疼愛你囉
呵呵呵呵
因為是普遍級
所以不能太明顯
乾杯！
阿滿熱炒
咕嚕咕嚕
咕嚕咕嚕咕嚕
哈~豪爽唷~
人間美味啊！

哼！菜逼八終於退伍辣
看到還不叫學長啊
如何啊陽間的食物好吃嗎？
殼以殼以你們請客都好吃
好吃就多吃點
話說你在當兵這段期間有想好了…
出來要找什麼
工作了嗎？

磅
哼！這種小事
哪還用問啊
我早就想好了！
我啊！
要先玩半個月
呵呵呵
驚

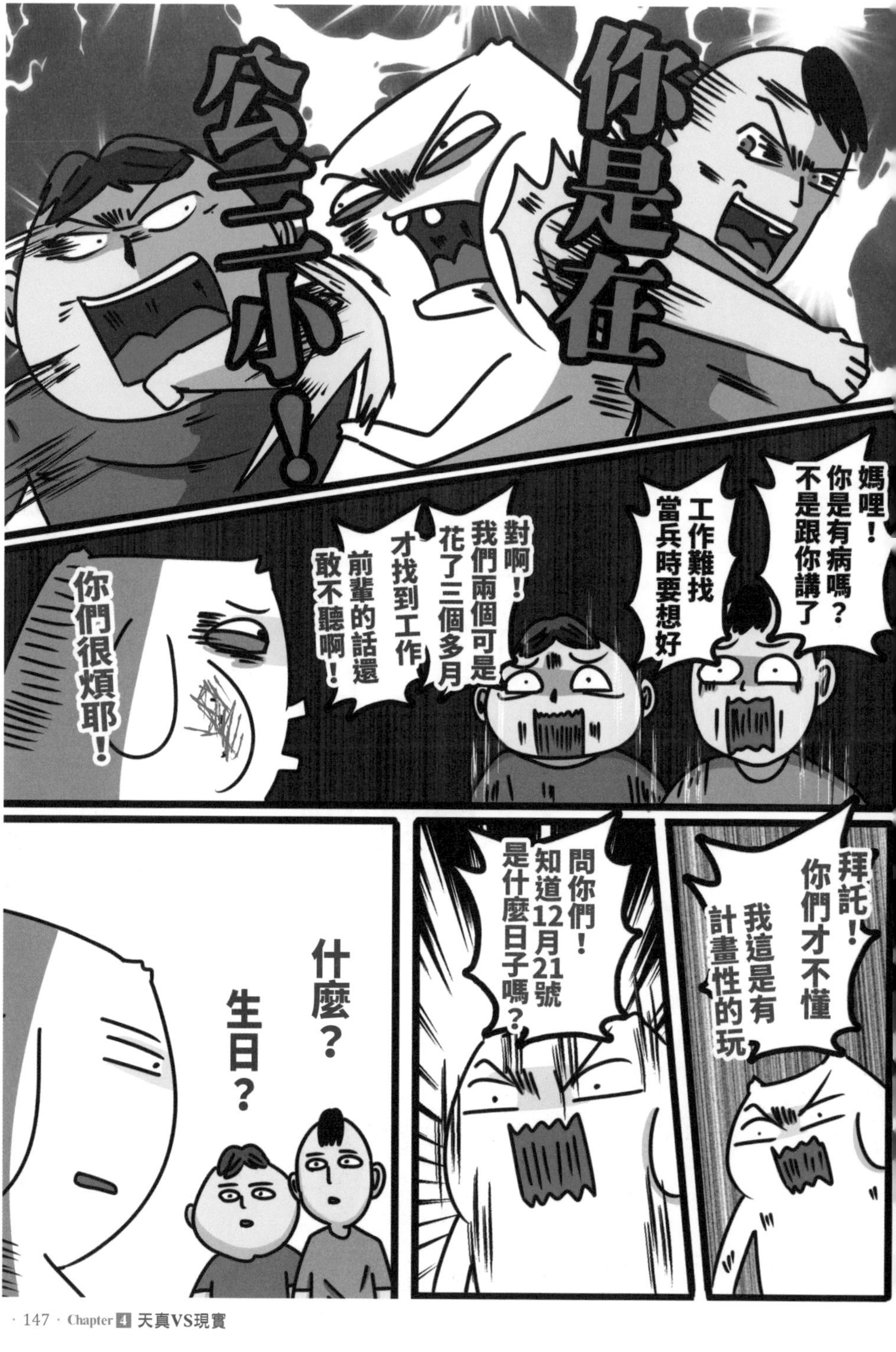
你是在
公三小！
媽哩！你是有病嗎？不是跟你講了
工作難找 當兵時要想好
對啊！我們兩個可是花了三個多月才找到工作
前輩的話還敢不聽啊！
你們很煩耶！
拜託！你們才不懂
我這是有計畫性的玩
問你們！知道12月21號是什麼日子嗎？
什麼？生日？

真是愚民！
聽好了
三大古文明之一的
馬雅文化
在幾千年前
曾經是個高科技的地方
甚至可能比現代還厲害
然而他們
卻消失了
而且最
可怕的是
他們在消失前
曾有預言
地球人類
滅亡的日期
可能是水災
或是地震
也可能是病毒
而你知道嗎？
他們預言人類滅亡
就是在不久後的
12月21日啊！
！
！
！

而終於到了
世界末日這天

今天就是人類的末日了！
我已經準備好了！
23:58
來吧！再一分鐘
就要跟這個世界說掰掰了
23:59
有隕石要來撞地球嗎？
還是核彈爆炸？
00:00
他媽的！儘管來吧！

00:02
00:01
00:00
00:03
2012/12/21凌晨
世界依然和平
王八蛋！
是哪個卡通人物
又守護了地球？

就這樣二〇二二 世界沒有毀滅
但我的 存款毀滅了
於是我開始 認命地找工作
老實說 沒有人生 目標的我
卻不自覺地
一直看著美術
傳播藝術／設計類
多媒體動畫設計師
平面設計／美編人員
網頁設計師
美術設計
設計師
插畫師的 職缺瀏覽著
或許這 就是緣分吧
如果你問我 什麼叫做真愛
那我的解釋會是

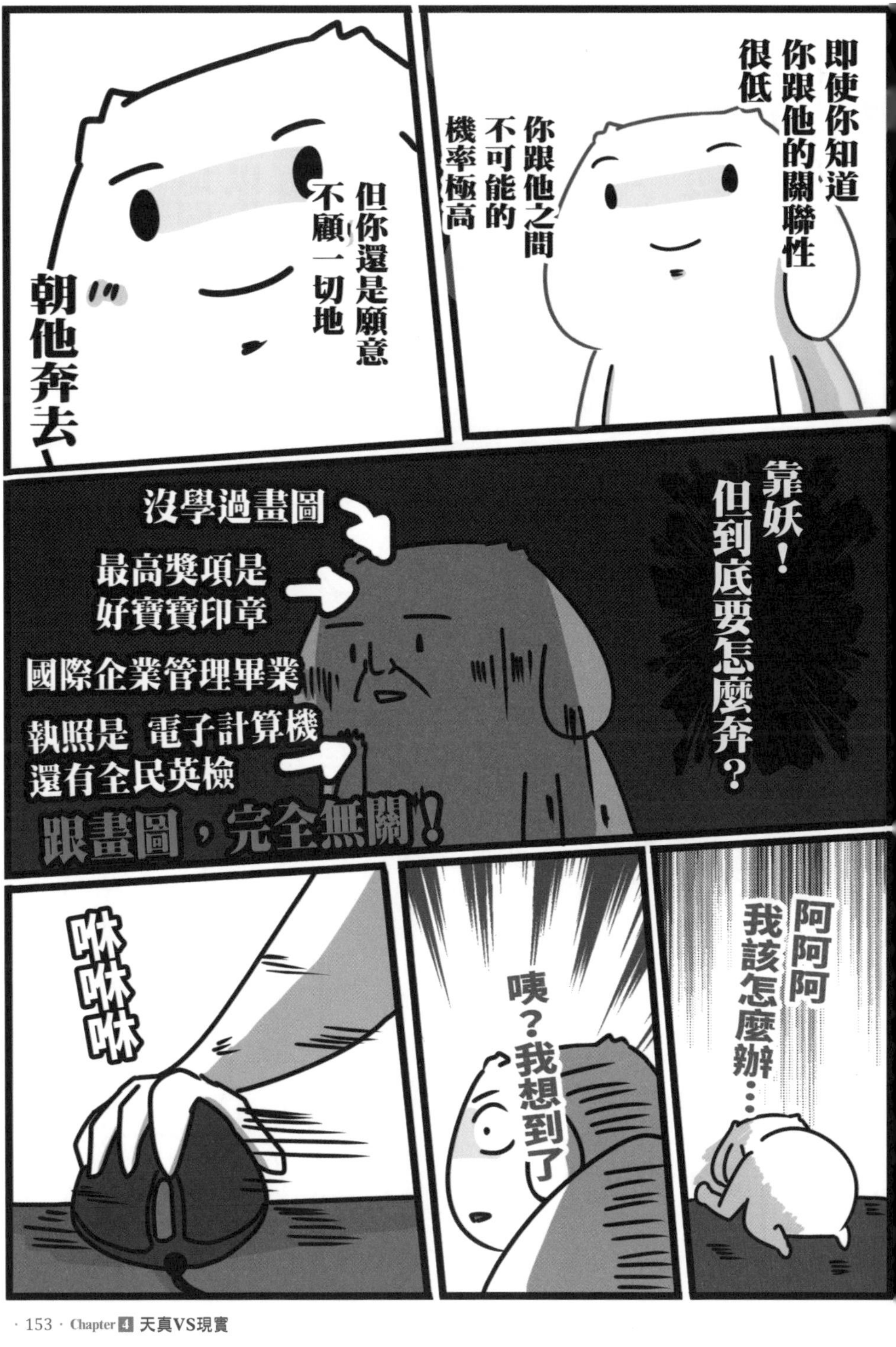
即使你知道你跟他的關聯性很低
你跟他之間不可能的機率極高
但你還是願意不顧一切地
朝他奔去
靠妖！但到底要怎麼奔？
沒學過畫圖
最高獎項是好寶寶印章
國際企業管理畢業
執照是 電子計算機還有全民英檢
跟畫圖，完全無關！
阿阿阿
我該怎麼辦…
咦？我想到了
咻咻咻

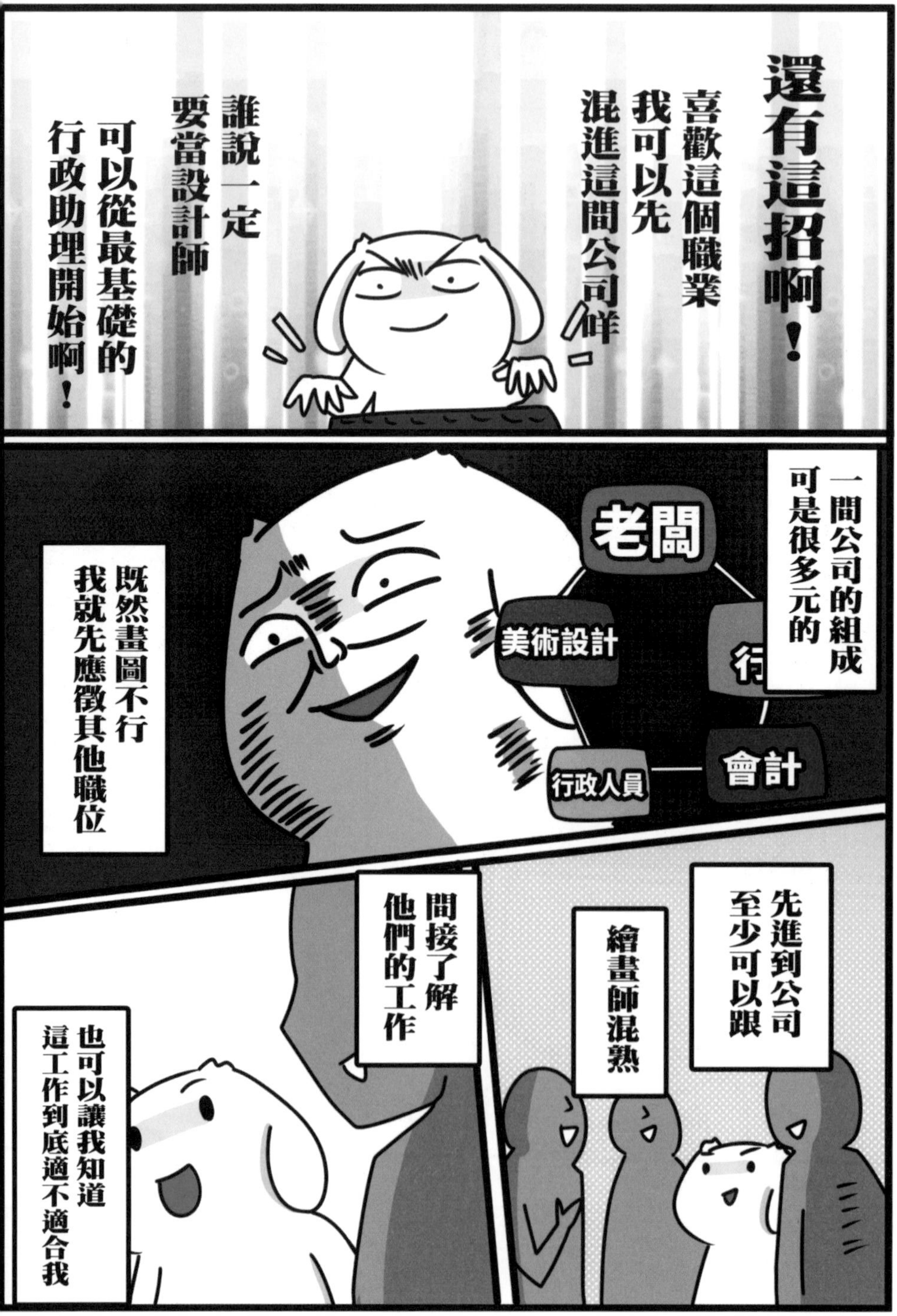
還有這招啊！
喜歡這個職業
我可以先
混進這間公司咩
誰說一定
要當設計師
可以從最基礎的
行政助理開始啊！
一間公司的組成
可是很多元的
老闆
美術設計
會計
行政人員
既然畫圖不行
我就先應徵其他職位
先進到公司
至少可以跟
繪畫師混熟
間接了解
他們的工作
也可以讓我知道
這工作到底適不適合我

如果到最後發現這行不是我想的這麼好
至少還有退路啊！
我真是聰明
啊哈哈哈
結果面試時
謝謝再連絡
你回去等通知吧
滾。

你看那個衰樣
果然沒錯
被打槍得很慘吧
廢話，都快過年了
哪還會有好的工作機會
救我~我要工作~
救我~
救我…
ㄟ我問你
你下一份面試是什麼公司？
下一份啊…我看看
是一家廣告公司的行政人員
對了！就是這個！

阿疼！既然一般的面試沒辦法成功
那就出奇招吧！
你面試的是廣告創意公司吧
那就該拿出創意啊！
創意面試！
對！別用一般的面試思維
就算你是應徵行政
也要在面試的時候展現你獨特的創意啊
快用你那個裝了一堆點子的大腦
舌頭快舔到了啦！
給老闆們好看吧！

隔天
你好，我是來面試的
孫先生。
好的，請你跟我來
叩叩叩
老闆，孫先生到了
嗯！
孫先生你好
請坐。
拿出你的履歷表吧
來了！

這是我的履歷表
嗯嗯…
大學畢業…
嗯…
這個是…
甜心卡？
這是我的履歷表
哈！
來了！
我的終極絕招！
昨天晚上
哀…有創意的履歷表
怎麼弄呢？
哥！

幹嘛?
我要去買麥當勞
甜心卡你要吃啥?
我看看啊
A選項我要薯條…
B選項我要可樂…
等等!
這個…
有了!
就是這個

甜心卡履歷表
我把履歷設計成
甜心卡的樣子
A選項
有我打工的經驗
B選項
有我畫圖接
業配的經歷
這履歷
跟公司名稱
超創意公司
很符合吧！
如果說
面試就像是下棋
那麼這場
你要怎麼
下呢？

我說啊……
你這個履歷表
到底是在
啪
浪費別人的生命嗎？
這是什麼爛東西？
拿這來投履歷瞧不起我啊？
為什麼現在社會上年輕人都這麼爛？
蛤？
我問你！
明明念國企系
幹嘛跑來當行政？
幹嘛來廣告公司？

你到底
為什麼想來
公司應徵？
我…
我…想
應徵行政
為什麼？
為什麼
突然會變成這樣？
為什麼會被罵？
我好像
帥
被逆轉了
就這樣
我被罵了將近
二十分鐘
直到面試結束
不好意思
那我先走了

等等！
雖然你浪費我的時間
但我看見你的努力
給你個機會
兩天內做一個海報給我
過關的話一個月薪水一萬八千塊福利是週休二日
年輕人好好把握啊
嗯…
好…
終於…
我的努力…
被看見了！
現在我好想大喊

乾○良！
誰要來你這裡上班
還沒錄取就被你當狗罵
你以為你的錢很香啊？
一個月一萬八
請奴隸啊？還敢違法啊？
浪費我的時間！

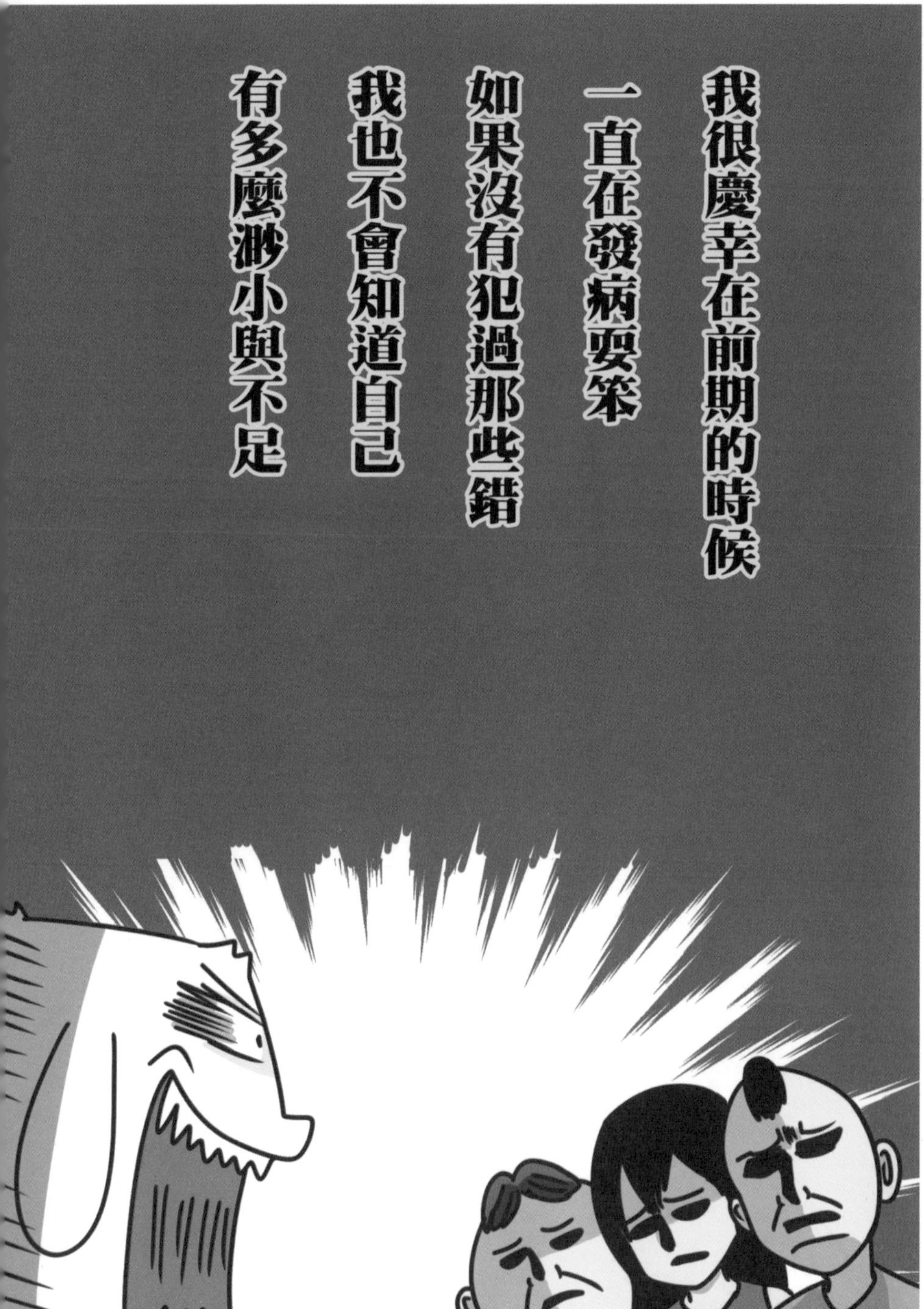
我很慶幸在前期的時候
一直在發病耍笨
如果沒有犯過那些錯
我也不會知道自己
有多麼渺小與不足

Chapter 5

只要眼神還有光芒
那就還有希望

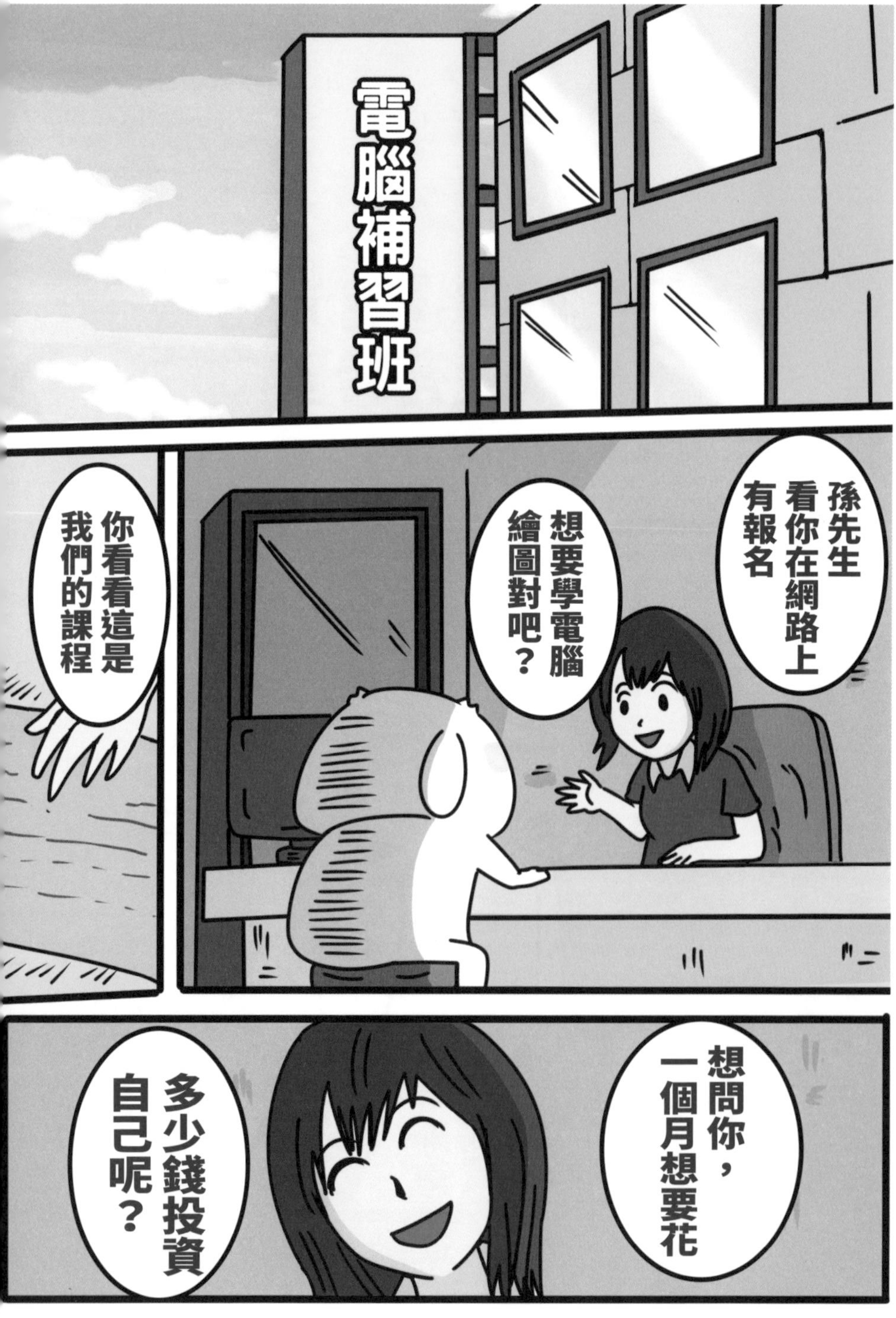
電腦補習班
孫先生看你在網路上有報名
想要學電腦繪圖對吧？
你看看這是我們的課程
想問你，一個月想要花
多少錢投資自己呢？

多少錢唷…
兩千吧…
兩千塊啊？會不會太少
如果一個月三千塊可以嗎？
三千啊…應該是可以
那剛好！我們剛好有一個課程套餐
你報名兩個繪圖課程就送其他九個終生學習課程
而且一個月三千塊分期付款兩年
總共七萬塊而已唷

那個…這個預算
我可能沒有…
七…七…七萬？
你…
沒錢啊
沒錢沒關係
我們公司
有個優點
可以幫你
找・工・作

會進來補習班的人
大部分就是為了工作
而我們補習班的好處就是能幫你找到工作
真的假的？
當然！我們配合的廠商很多
只要你報名上課我們就配合你的課程保送到你需要的公司
讓你學以致用
這麼好？
不只如此我們上課可以無限次上課
上一次不懂可以報名下一次
一年內不限次數老師讓你問到飽

如何啊？能幫你找工作
又能學技能
一個月只要三千塊
哼！真是的
成交！
就這樣，我報名了電腦補習課程
只為了往畫畫的路前進
簽下了七萬多塊的分期付款
合约
那時候我努力上課
想快點練好技能能去上班

除了積極上課之外
這裡的頭型可以這樣畫
髮
眼
比例會比較自然
補習班推薦的面試
都沒缺席過
面試中
孫先生啊？你的經歷看起來不錯
要隨時上班也是沒問題

而你也是電腦
補習班推薦來的
好…
那你明天
開始上班吧
好快！
那個…
不好意思
錄取是好事
但你沒有看過
我的作品
要不要先
看一下我的實力…
作品？
我們這裡
請清潔工
哪需要
什麼作品
啥？

靠天唷
安排錯了嗎？
另一家
你是補習班推薦來的吧？
是
快過年了工作也不好找吧
年輕人多努力肯吃苦就不用怕
對啊
不過我有個問題

為什麼我們從剛剛開始
就一直走來走去
當然要走來走去啊
你不是應徵保全嗎？
蛤？
公三毀
小姐！
為什麼？
要問為什麼我幫你安排的工作
都跟畫圖無關對吧？
對！

因為你還太嫩了啊
怎麼會有公司要你啊？
而且現在都快過年了
有工作就不錯了
工作給你就別挑了吧
你想想換做你是老闆
會想在過年前錄用一個新人
結果一上班就放年假還要發薪水嗎？
驚訝！
可…可惡講的好有道理
我錯了…我不該這麼挑的…

於是就這樣
我持續精進自己
好好上課
直到了
好了！同學們
我們的課程就到這邊結束了
老師我未來還會繼續開課程
有機會希望大家會再選我的課來上
唷！
櫃台
那個…
不好意思我想問一下
電腦繪圖課程結束了
我想報名下一次上課名額

好的，那我查一下
下一次開課的時間
是在三個禮拜後
是唷！那是在哪個教室上課？現在可以報名嗎？
報名？
你瘋了嗎？
下一次上課地點在台北耶
台…台北？
台南人

等…等一下
當初簽合約不是說
課程可以一直上
那台南…會開課嗎？
台南要等八個月後
你要搞清楚唷！
我們有說開課你可以無限次數上課
但沒有說只開在台南
台北的課你可以去上啊
我們沒有違約唷～
是你合約沒有問清楚

那這個就是我們當初沒有溝通清楚
我以為每個月都有課程
那認知不同我可以解約嗎？
解約唷
可以啊
去跟銀行講啊
什麼？
你看看合約上面寫的
分期付款是跟銀行分期不是補習班
要解約請找銀行
分期付款合約書
甲方貸款七萬元與乙方XX補習班
於分期3025元 給XXX銀行

不過啊，你都已經開始上課了
解約應該沒辦法了
過去有很多學員跟你一樣
但它們到最後
都是乖乖繳完學費啊！
後來…我回家認真地把合約看完
合约

果然沒錯。
不管怎樣
我已經無法解約了
必須好好地將錢繳完
但我當時
沒錢也沒工作…

這是我人生中
第一次體驗
人家口中的
白紙黑字

也是第一次體驗到
大人世界給我的教育

經過這次
我感受到長大的滋味

也知道了會無條件對你好
替你想的人
只有家人而已
不過我也學到一件事……

啪！
拎拎拎
那就是…
既然是
自己闖的禍
就要用
大人的態度
哈～～好睏

面對它！
更衣室
好好的去…
嘿！
手套！
帽子！
口罩！
燈愣！
著裝完成！

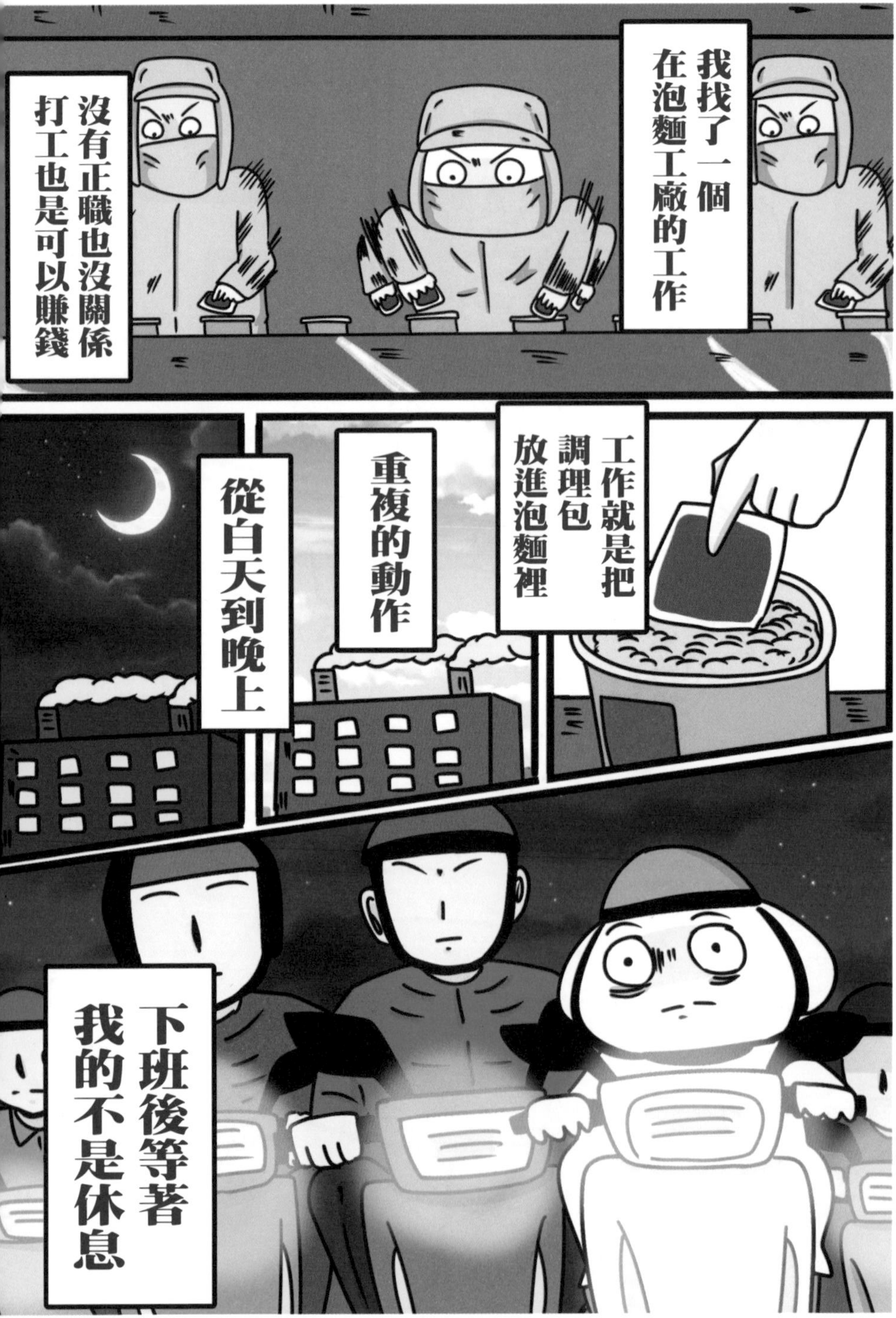
我找了一個
在泡麵工廠的工作
沒有正職也沒關係
打工也是可以賺錢
工作就是把
調理包
放進泡麵裡
重複的動作
從白天到晚上
下班後等著
我的不是休息

電腦補習班
而是另一個
學習的開始
我會在補習班
的空教室
持續練習畫技
直到快要打烊
我才回家
回家後稍微
放鬆的我
對了
這張是福利圖
到了睡覺之前

還要持續準備
部落格的更新
一個禮拜五天都是這樣過
終於到了六日休假時
offe
微疼！你好了嗎？

好了！快好了！
客人被餓多久了？一直吃？碗都洗不完
因為泡麵工廠的薪水
要等一個月才能發
但銀行戶頭快見底的我
參考一下~
只要到假日就會去打零工
因為這些工作

都是可以當天領薪水的
老闆不
限量100
要買要快.
阿姆阿姆阿姆阿姆
嗯?
嘿!你們要不要出來玩?
好啊!約哪?
+1+1
那時候看著別人休假都可以出去玩
而我卻是一週七天都在上班

不過我不埋怨，因為我知道…
這是我選的！
太好了！努力一個多月
終於可以擺脫天天吃饅頭
還有配開水的日子了！
很好！扣除了必要開銷
再預留三個月的學費
還剩這麼多！

好…那這些錢
收好
1000

餒！
麻~拔
媽媽
拿去
新年快樂！
唉呦！三八耶！
你還特地包紅包唷、
我以為你打工
快餓死了耶
哈哈
長大了！

當你確定了目標
就算現在只能坐在路邊吃飯糰
那也終究是一個過程
老闆不在
限量100元
要買要快!

Chapter 6

你們的王!回來了

二〇二三年四月
台南某家銀行
喂！您好
是的，要找經理嗎？目前經理在會議中方便留下您的電話請經理回撥給您嗎？
呼~
啊！十點啦

好！趕快來辦正事吧！
自從泡麵工廠結束工作後
我應徵到了一家銀行上班
每天穿西裝打領帶的
在銀行奔波
而每天最最最重要的工作就是
好吧！就是這個~
吳經理~

這個麻煩你過目一下
嗯！來了啊
今天午餐吃炒飯好不好？
香香小炒
炒飯....80
麻油炒飯...85
肉絲炒飯..90
蛋包飯...90
那來一個麻油炒飯好了
我要蛋包飯加蛋花湯
我要吃水餃
不用，我有帶便當

沒錯。
我在銀行的職務
就是叫便當的
又稱為薪水小偷
跑腿小弟
經理，課長
大家~

我先下班
趕火車囉
大家再見！
掰掰~
台南車站
啊啊啊啊啊！
來不及辣！
等等我！

呼呼呼呼
好險有趕上！
當時的我
一個禮拜會
有兩天
下班後需要
去趕火車
新營車站
搭一個小時的車
到新營
兼職另一個工作
小朋友們~
我們今天畫
最想要
養的動物~
動物

有沒有問題？
沒～有～
就這樣我沒有放棄任何可以賺錢的機會
很棒唷！那這邊老虎顏色可以更多一點
同時還兼了很多工作
掰掰～
掰掰～

但在每天工作結束之餘
我會回到租屋的小套房工作室
繼續畫著漫畫
不管回到工作室是幾點
也想把今天的進度完成
每天努力一點
離你的理想會更近一點

但修但幾類！
這時候的我
還是很窮
不是在銀行上班
就是有錢人辣
這是我
當小弟的薪水
月薪 18300
工作室房租 4800+電費500
每月給媽媽3000
電腦補習費3000
手機費800
油錢1000
保險定存2000
銀行薪水這樣
扣除必要開銷
每個月只剩
3200可以用
大家覺得
三千二可以在台南
活一個月嗎？
答案就在下一頁

答案是
你是不是忘了我還有一個女朋友啊？三千二怎麼夠？
抱歉吼！我是累贅是不是？
因為每個月賺的都不夠花
襪靠！這個便宜！
即期品
很多小地方我都很節省
公司的水不用錢盡量A回工作室
對了！大家要不要喝飲料？
我來叫。
好啊！

我要紅茶~
我要山楂烏龍
我要多多綠
在很多小細節
我都展現出了
客家精神!
喂!我要叫飲料!
你們是不是買五送一?
送的那杯 我的!
而在銀行上班時
除了叫便當
其他時間
我都在…
漫畫題材
跑法院的趣事
騎機車遇到壞人
日常梗圖
天氣太熱
機車好燙

抽！
挖靠！你上班不上班
寫這些是什麼啊？
生活梗？漫畫題材？
唉呦！還我辣！
你看不懂我的秘笈辣！
上面有分要在臉書IG發文的內容
還有要放在部落格上面的長篇漫畫內容
IG
FB
部落格

我一個人是要想很多故事的
分別進行創作分享
什麼啊？現在哪有人在看部落格
你在IG臉書放那種很短的漫畫就好了啊
不可以！兩種都要持續練習
不管長的短的我都要！未來就是我最強的武器
到底在公三小？
於是就這樣
我在上班的那段時間
只要有空都在構思故事

嘿~沒有錯~
我是薪水小偷
混蛋！不要給我自豪
要偷懶就給我低調！
嗯…
盯
經理
這是你的便當
請慢用！

謝謝啊！微疼
你可以坐下來嗎？
咦？
我有話想跟你講
你來上班也有一年多了
是
公司的業務你也很熟悉了
對
而你畫畫的工作好像很搖擺不定啊
既然這樣的話
那你要不要乾脆轉正職進銀行上班
咦？

如何？
銀行的工作也是能讓你有穩定的薪水
工作升遷也穩定
只要沒有犯大錯就跟公務員一樣
可以一直做到退休
你的生活也可以受到很大的改善唷
愣
那天下班後
我一直想著經理說的話
穩定的鐵飯碗跟不穩定的畫圖未來

餒！阿疼這邊！
開門
好啦～都到齊了
快點來點餐吧
出社會後要一起吃飯真困難
嘿！大家好
老樣子一人選一道菜
金額再平分
我點糖醋魚
我點炸雞
我點海鮮

那我選
歐靠！
都好貴！
一道菜的價錢
是我兩天的
飯錢耶
300
400
500
450
那…我選
蛤蜊湯好了
(選最便宜
的就好)
好！老闆點菜！
……
阿姆阿姆~
餒！微疼

你最近工作是不是
還是一團糟
驚
所以才選最便宜的蛤蜊湯？
沒…沒有辣我工作很OK阿
很好？
很好的意思
是在銀行當小弟
白天幫人叫便當
晚上兼職教人畫畫
這樣生活叫很好啊？
少笑死人了

我問你
都過了一年了
如果你畫圖
沒有成功
你什麼時候
才肯放棄
不替你自己
想後路嗎？
等⋯等一下
其實我也是
有後路辣！
我們經理
今天才問我
要不要
轉正職
是嗎？
那你答應了吧？
沒有⋯
我還在考慮
考慮？
你有什麼
資格考慮？

念書的時候成績就沒有很好
也沒有特殊技能的你
什麼都一般般的你
好意思說要考慮
幾歲了還想追夢？
追不到夢，你就是個廢人

沒有錯
你說的對
我
是個廢人
一個人在沒能完成他的志業時，的確是個廢人
李安還沒被稱上是大導演時
他無業六年，被說是廢人
遊戲王作者高橋和希
漫畫還沒爆紅前
有九年的時間都載浮載沉
也被當作廢人

我是個廢人
你沒說錯
但別忘了
你也只是
平凡人
不是預言家！
本大爺
努力這麼久
可不是為了
在關鍵時刻放棄的
我會讓自己沒有遺憾
畫到最後一刻的！

那天
經過那樣的對話
我體內有個
聲音跟我說
我！是顆絕對
會發光的鑽石！

想做的事
如果被人三言兩語就動搖
那也只是證明
不是別人唱衰你
而是你也沒有那麼有心

Chapter 7

不進則退

從那天之後
就像是農夫
收成一樣
一年的辛苦
開始有了回收
小有名氣的我
被邀請去上電視
上電視嗎？
可以啊！
中天綜合
大學生了沒！
我參加了人生
第一次的電視錄影
以創作者
的名義
部落格名稱的靈感來源是?
名稱:我得了一種吃菜就會死的病
不喜歡
吃蔬菜
而我的商業案
也開始穩定了
起來
好好好…
抱歉我正在上班
下班後改給你~
ATM
就這樣穩定
發展一陣子後

嗯……
按按按
1 2 3
4 5 6
7 8 9
0 .
啊……
顯示餘額 150000
終……終於啊！

ㄟ！走！今天我請客吃飯！
襪靠！發財囉？怎麼想請客？
是發薪水辣
今天就吃好一點的吧！
陽春麵
你先在這裡等我我去點
好

來歐！上菜囉
請慢用。
滷菜總共
兩百塊
怎…怎麼會有
豬大腸…
五花肉…
肌腱肉…

你…你瘋了嗎？
居然買這麼貴的東西？
平常豆干加海帶不就是極限了嗎？
這一盤就兩百耶
你怎麼了？
是不是生病了？
你不是邋森BOY嗎？
哼！抱歉了
從今天起

我已經不是
以前那個我了
我現在是
全新進化微疼2.0
就這樣，
熬了一年終於
吃到了一餐
不用在意錢
的餐點
過去每一餐
都要錙銖必較
而這餐雖然
只是滷味乾麵
阿姆阿姆
卻是過去一年來
最奢侈的一餐、
請諒解我這
微小的幸福
好吃好吃
然而命運
就好像是一本
寫好的劇本
喂？
你好找誰？
要我開始
演出人生的
下一章節

逐漸的我開始受到業界注意
什麼？邀請我到台北參加活動？
好啊！當然願意！
開始有大大小小活動邀請
沒問題！下午是吧
好唷！我一定到
掰掰！
好！
先查最便宜的車票！
但我的節儉本性難移

XX客運
優惠票
台南>台北
200元
凌晨四點限定
太好辣！
凌晨四點有
特惠價！
兩百塊就
可以去台北
賺！
就這樣…
有好長一段
時間的我
會熬夜畫圖
到凌晨三點
然後在
四點的時候
在客運上入睡
鼾
一路睡到台北後

我就會先窩在台北的咖啡廳
想著腳本或是繼續更新
等到時間到
就去開會認識別人
你好~我是微疼~
也讓別人認識我
你好~我有在看你的部落格唷
有的時候還想省些飯錢

就直接當
個零食土匪
潮爽的
而我就是
這樣
很常一日
台南台北來回
只要有機會
可以被看見
我都不會放過
因為…我不知道
我能夠畫多久
所以只能用
兩百分的努力
跟他拚了

就這樣的，
或許是天公
疼憨人吧
也可能是
努力真的
被肯定了
畫畫畫
您有一封
信件
嗯？
有人寄信給我
是誰啊⋯
點開
啊啊啊啊啊啊啊！
甘有可能？

出…出版社？
有出版社要找我出書？
真的假的？出版社耶
我可以嗎？怎麼會想找我？
嗯！詐騙！
一定是詐騙！
結果
真的假的？
你們真的是出版社？
為什麼找上我？是因為臉蛋嗎？
是真的

就在此時此刻
臉書與部落格的經營
都逐漸穩定
網路業配的收入
也已經超越了
銀行的薪水
於是，
我做了個決定
你說什麼？
你要離職？
對！我想過了
這是很
難得的機會
我要離職，
全心全意創作
出書！
當個全職
漫畫家。

這樣真的好嗎？如果有天你接不到業配
那你連銀行的收入都沒有耶
這樣說是沒有錯但說真的…
如果白天要在銀行上班
下班後要處理更新、還有業配的東西
外加要出書…
我一定忙不過來的！
我現在只想好好的專心的…
一心一意、做好一件事
如果存款花光我還沒成功到時我就乖乖認命
放棄畫畫。

就這樣
我賭上最後一次
追夢的機會
再見~
不紅可以
回來上班唷~
不要烏鴉嘴辣!
進入全職
創作的行列
說實在這工作
雖然不用
打卡上班
但也沒有
所謂的
正式下班
你必須自律
自己的一切
因為賭的是
自己的事業
只要一懶散
後面就有幾千人
想要超越你
而你也是在
追趕著前面的人
直到那天…
我收到了一封信

【LINE WEBTOON】
合作邀約
微疼您好，
我是LINE WEBTOON
歐歐歐歐！
連載
漫畫邀請？
微疼您好，我是LINE WEBTOON
的責任編輯，想邀請你來連載作品…
台北-內湖
微疼，你好
我是責任
編輯愛莎
恭喜你
正式加入我們
成為作家
的一員
在連載之前，
我有些事項
要提醒你
我們需要的漫畫
是長篇連載
跟臉書或是IG
上面那樣的短篇
是完全不同的
這點你理解嗎？

長篇漫畫…
呵！我就說咩
兩種都要持續練習
長篇漫畫當然沒問題
因為我！
一直都在畫

那年，我開始連載了第一部漫畫
微不幸劇場
微不幸劇場
然後一不小心的
就拿了全台第一名
微不幸劇場
拍謝辣~炫耀一下~
而變成連載作家後
每週開始都有截稿壓力了
也因為我是一人工作
很多合作案還要確認有沒有合約陷阱
甚至新書一度要畫不完了

自己開始了解
一個人的能力有限
一天只有
二十四小時的我
常常在
這場馬拉松
筋疲力盡
嗚嗚嗚嗚！
為什麼？
為什麼我長這麼帥
卻不靠臉吃飯
好累唷…
不過好險，
當我喘不過氣時
別哭了辣！
我找到了一群
我們來幫你~
可以信賴的
夥伴

毛毛蟲文創經紀公司
來囉！我們要加速往前衝囉！
第一年的全職生活
我把興趣跟工作變成了好朋友
也得到很好的成績
人氣排行榜
微不幸劇場
微疼
但我也同時開始要求我自己
於是第二年我開始雙連載第二部作品
不要笑當兵的人
微疼
2017/4/28 10,873 #108
2017/4/25 8,757 #107
2017/4/21 8,220 #106
完結
人會哭，退伍的人會笑，對女生而言更
淺顯易懂的軍中日記，不要笑當兵的人
要笑就笑微疼軍中生活太蠢了！

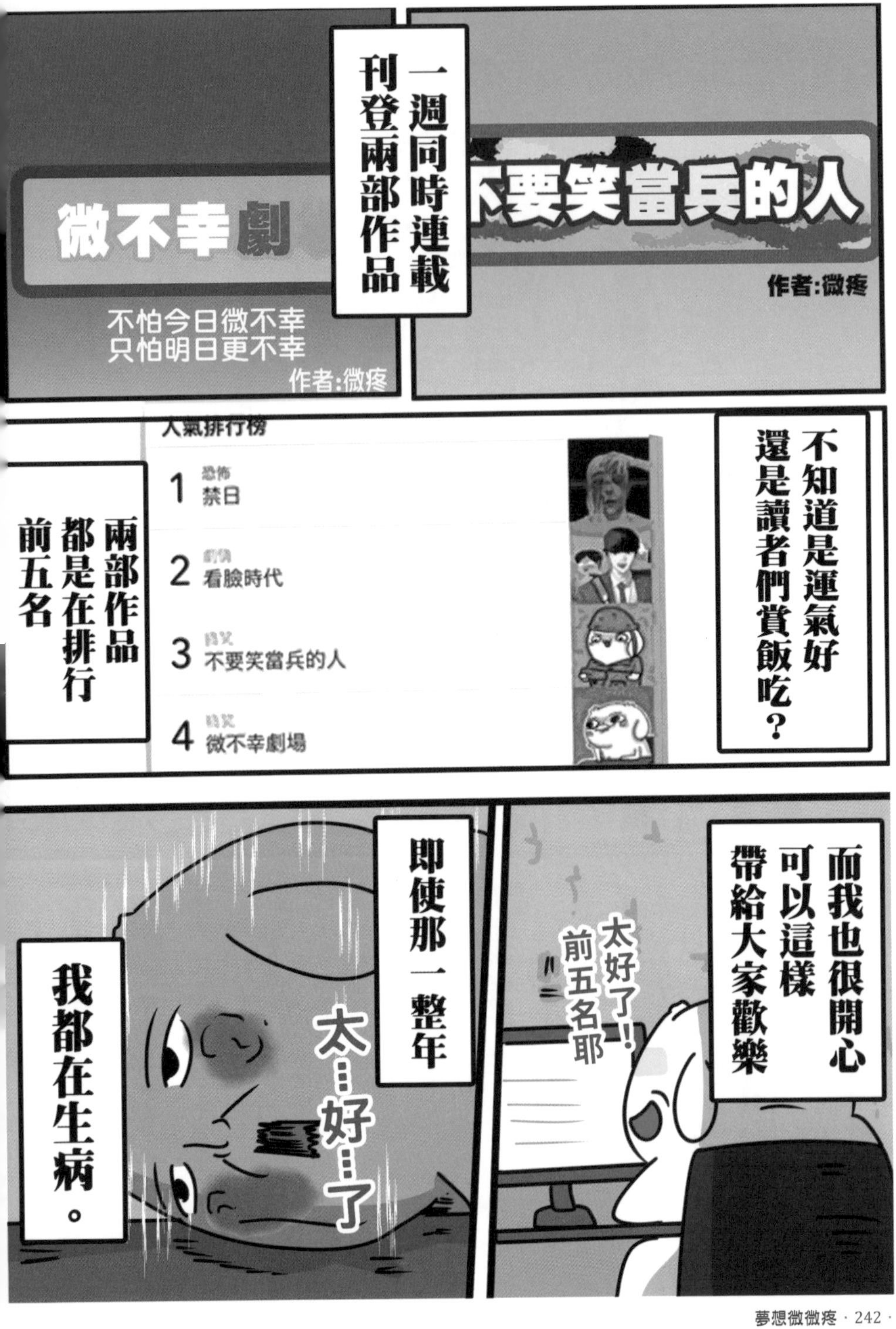
一週同時連載
刊登兩部作品
不要笑當兵的人
作者:微疼
微不幸劇
不怕今日微不幸
只怕明日更不幸
作者:微疼
不知道是運氣好
還是讀者們賞飯吃？
人氣排行榜
1 恐怖 禁日
2 劇情 看臉時代
3 搞笑 不要笑當兵的人
4 搞笑 微不幸劇場
兩部作品
都是在排行
前五名
而我也很開心
可以這樣
帶給大家歡樂
太好了！
前五名耶
即使那一整年
太…好…了
我都在生病。

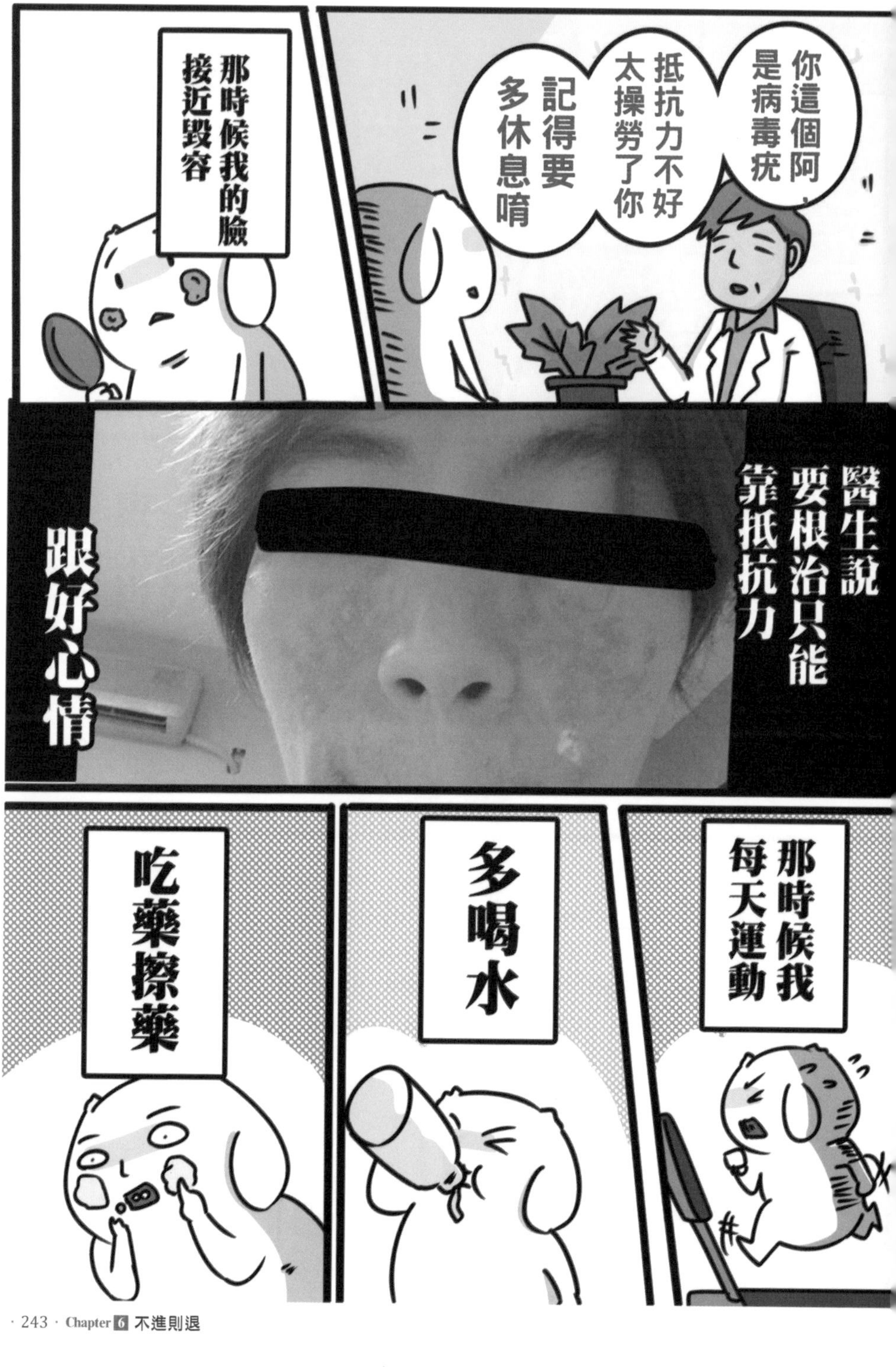
你這個阿
是病毒疣
抵抗力不好
太操勞了你
記得要
多休息唷
那時候我的臉
接近毀容
醫生說
要根治只能
靠抵抗力
跟好心情
那時候我
每天運動
多喝水
吃藥擦藥

但依然
沒有好轉
靠北唷
開始最痛苦的
冷凍治療
冷凍術！
長達一年
到最後
還是沒有改善
最終為了健康
健康考量
我要退伍了
《不要笑當兵的人》
正式完結
然而這個病
在我完結一個月後
靠！全好了？

就這樣，我持續著連載微不幸劇場
同時也參與各種大大小小活動
簽名會
直到隔年
B編輯，那個計畫可以執行了吧
你確定嗎？這次身體搞壞我不管唷
哼！沒事的！這次我已經超進化
準備好連載第三部作品了！

對~沒有錯~我在三年內直接推出三部作品
賺了三倍稿費~
這次的作品表現還是很感謝大家喜歡
人氣排行榜
1 看臉時代
2 微不幸劇場
3 水下那一分鐘
4 微疼姑姑的鬼故
5 Love Again_重新再愛?
5
而我！這次也做了萬全的準備！
我不再一個人孤單奮戰
我把要上色的檔案傳給你唷
好唷！收到！
我有了助手

6吧？
到底要多少的時間可以把它烤好
哈哈哈哈哈！這個人好有趣唷！
現在YOUTUBE有很多很有趣的創作者耶
剛好在那段時間我很常畫圖畫累了休閒就是看YOUTUBE影片
嗯……這個觀看數……
到底要多少的
美食廢人EP1 卡通肉重現
觀看次數 :1000809
上班不要看 NSFW
75.4萬 位訂閱者
好多唷……

我的老天…大哥啊
有需要這麼拼命嗎？
影音剪輯器材老闆-嘉彬
你都這麼紅了
怎麼還想跟我學做片啊？
唉呦，紅是一陣子
大員視務所
但如果想紅一輩子
就要知道觀眾在哪裡
我就該出現在哪
時代科技在變
觀眾的平台也在變

從那之後我創了自己的頻道
來對決啊！高熱量蓐種
到了日本才發現
開始自己做動畫
但動畫不只要動甚至還要有聲音
我的聲音…好難聽、
為了要更好我去報名了聲音表情訓練課程
這時候說話可以帶表情跟情緒進去
金鐘獎司儀飛碟電台主持人歐馬克
我始終告訴自己要做就要用盡全力
因為我討厭還沒發揮全力就被判失敗的自己

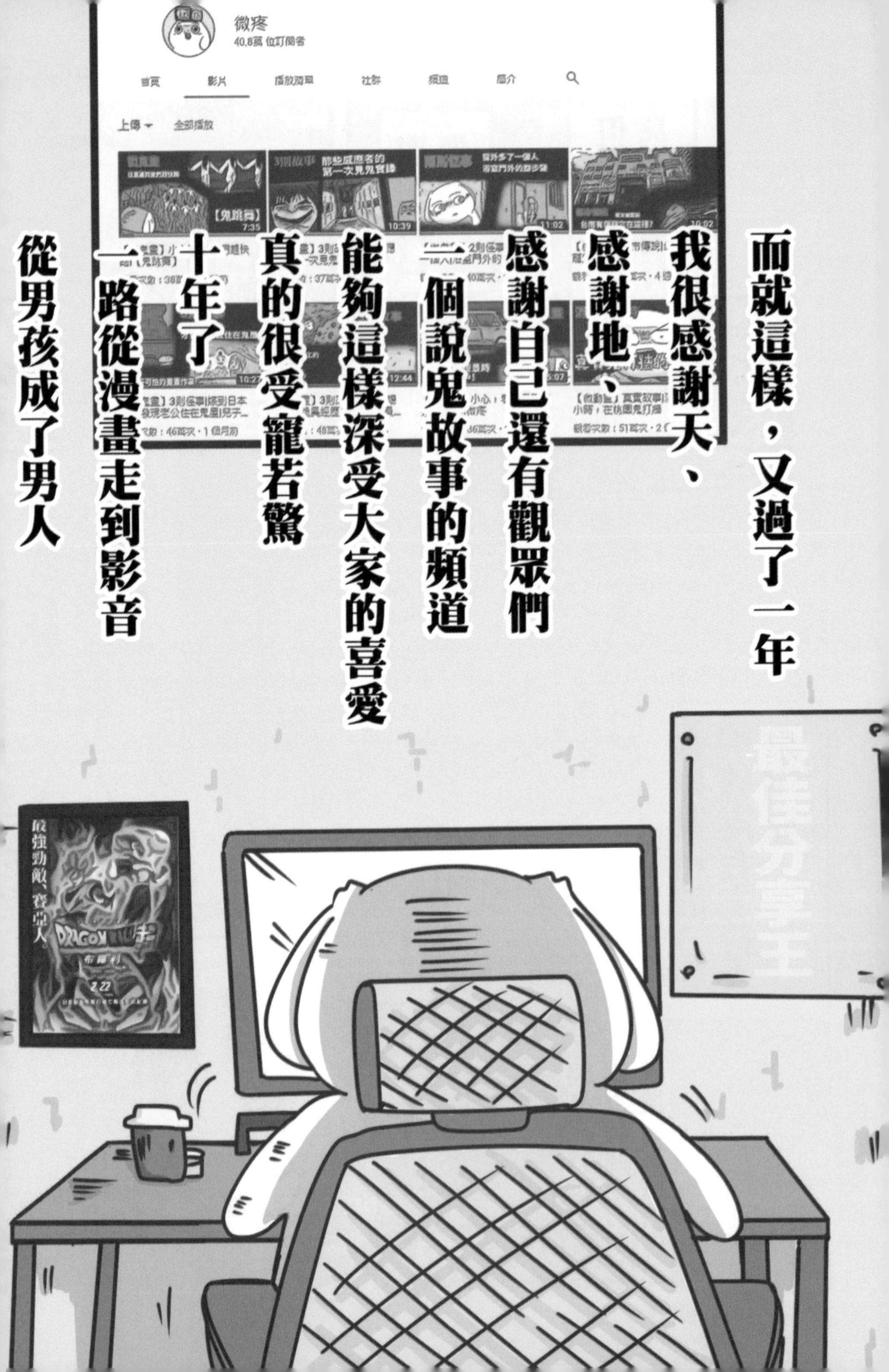
微疼
40.8萬 位訂閱者
首頁
影片
播放清單
社群
頻道
簡介
上傳
全部播放
而就這樣，又過了一年
我很感謝天、
感謝地、
感謝自己還有觀眾們
一個說鬼故事的頻道
能夠這樣深受大家的喜愛
真的很受寵若驚
十年了
一路從漫畫走到影音
從男孩成了男人
最強勁敵、賽亞人
布羅利
2.22
最佳分享主

老實說，
故事寫到這裡，
該結尾了
但我還真不知
該怎麼作結束？

該勵志嗎？
太矯情了不適合我

要渲染努力就能成功嗎？
不對！我只是比較幸運而已

要逐一感謝幫助我的人嗎？
不！我都是當面感謝的

不然，
就讓我來分享個
故事吧

國中的時候我很沉迷於追逐偶像
買他們的ＣＤ，看他們的電視節目，加入後援會
甚至有空的時候，簽唱會也一定要參加

那時拿到偶像的簽名，我就可以開心好久好久

但是，幾年後當我長大了，走進了二手ＣＤ店時
發現架上充滿著有明星簽名的專輯，卻被便宜出售中
不禁感嘆著，那些專輯的主人，也是曾經在大太陽底下
寧願留著汗、讓太陽曬紅著臉，只為求見偶像一面

而過了幾年後，當我開始小有名氣時
也開始陸陸續續有人會索取我的簽名
我那時候不禁在想，會不會那些簽名的下場
幾年後就跟那些ＣＤ一樣，不再被珍惜呢？
我曾很苦惱這件事情，但說真的，
與其苦惱這些我無法控制的事
那倒不如就⋯

持續畫出
更優秀的作品
讓那些喜歡微疼的人
在跟朋友討論到微疼時
能夠開心地大笑
這樣就足夠了
如果幸福是一抹微笑，
那我想用我的創作
帶給你幸福

夢想微微疼

作者／微疼

主編／林孜懃
封面設計／謝佳穎
內頁版面構成／陳春惠
行銷企劃／鍾曼靈
出版一部總編輯暨總監／王明雪

發行人／王榮文
出版發行／遠流出版事業股份有限公司　104005台北市中山北路一段11號13樓
電話／（02）2571-0297　傳真／（02）2571-0197　郵撥／0189456-1
著作權顧問／蕭雄淋律師
□2020年7月1日　初版一刷
□2024年4月15日　初版十二刷

定價／新台幣380元（缺頁或破損的書，請寄回更換）

ISBN 978-957-32-8823-7

遠流博識網　http://www.ylib.com　E-mail: ylib@ylib.com
遠流粉絲團　https://www.facebook.com/ylibfans

國家圖書館出版品預行編目(CIP)資料

夢想微微疼 / 微疼著. -- 初版. -- 臺北市 : 遠流, 2020.07
面； 公分
ISBN 978-957-32-8823-7(平裝)

1.自我實現 2.成功法

177.2 109008057